Das Mittelalter

Inhalt

Das Abendland ist eingekreist

Vom 5. bis 10. Jahrhundert, als die Herrschaft Roms über den Mittelmeerraum zu Ende ging, kam es auf Grund großer Völkerwanderungen zu tief greifenden Veränderungen in der damals bekannten Welt. Während des europäischen Frühmittelalters überstrahlten Byzanz, der Islam und China das europäische Abendland.

Die Pax Romana

Seit Mitte des 1. Jahrhunderts v. Chr. hatten die Römer bereits alle Gebiete um das Mittelmeer erobert, das sie mit Stolz zu Recht *mare nostrum*, »unser Meer«, nannten. Von Britannien bis Kleinasien, von den Küsten des Atlantischen Ozeans bis zum Schwarzen Meer hatten die römischen Legionen das römische Recht durchgesetzt. Lange, gepflasterte Straßen verbanden alle Teile des Imperiums miteinander. Landwirtschaft und Handwerk verfügten über den größten Markt, den es bisher gegeben hatte. Durch die Eroberungen Alexanders des Großen im 4. Jahrhundert v. Chr. hatten die griechische Kunst und Kultur schon längere Zeit weite Verbreitung gefunden. Mit den Eroberungen Roms waren Hellenismus und römische Kultur nach und nach zu einer kulturellen Einheit des Mittelmeerraums verschmolzen.

Ostia und der Tiber
Ein Kanal verband über die *Fossa Traiana*, den Trajangraben, den Meereshafen mit dem Tiber. Die Schiffe fuhren flussaufwärts nach Rom, ohne Ostia zu passieren.

Ostia
Die Entwicklung als Handelszentrum und Hafen von Rom ließ Ostia in der Kaiserzeit (I. und 2. Jahrhundert v. Chr.) zu einer Stadt mit fast 40 000 Einwohnern anwachsen.

ROM, ZENTRUM EINES MÄCHTIGEN IMPERIUMS
In der Epoche der größten Machtentfaltung trafen in Rom Waren und Menschen aus allen Teilen des Mittelmeerraums zusammen. Das Tor nach Rom war sein Hafen Ostia an der Tibermündung, der etwa 25 Kilometer südöstlich der Stadt lag.

Claudius-hafen

Trajans-graben

Trajans-hafen

Flusshafen

Dennoch war im von der lateinischen Sprache geprägten Westen die Identität hauptsächlich von Rom geprägt, während man in den Griechisch sprechenden Ländern stolz die östlichen Kulturformen beibehielt. Ab dem 1. Jahrhundert n.Chr. begann eine im Wesentlichen friedliche Epoche: die *Pax Romana*. Zu jener Zeit verbreitete sich mit dem Christentum eine neue Religion und trat für Gleichheit in einer Gesellschaft ein, deren Wirtschaft auf der Sklaverei basierte. Diese neue Religion fand in den niedrigsten und ärmsten Gesellschaftsschichten Verbreitung und trotz der traditionellen religiösen Toleranz der Römer kam es unter einigen römischen Kaisern – aus politischen Gründen – zu Christenverfolgungen. Später, ab dem 4. Jahrhundert, wurde das Christentum zur Staatsreligion des Imperiums, fand auch in den höheren Gesellschaftsschichten größere Verbreitung und wurde somit zu einem weiteren Grund für den inneren Zusammenhalt. Aber bereits Mitte des 3. Jahrhunderts n.Chr. hatten die

Rom

Zur Kaiserzeit hatte Rom über eine Million Einwohner. Der zur Versorgung einer so bevölkerungsreichen Stadt notwendige Transport zu Wasser veranlasste die Kaiser mehrmals zur Erweiterung des Hafens. Zunächst wurde der Flusshafen genutzt; dann, 42 n.Chr., ordnete Kaiser Claudius den Bau eines Meereshafens nördlich der Tibermündung an. 100 n.Chr. ließ Kaiser Trajan einen zweiten Hafen bauen, weil der erste versandet war.

DER FLUSSHAFEN VON OSTIA

Die Schiffe, die anlegten, brachten Sklaven,
Ambra und Felle aus dem Norden und
dem Orient sowie Gold, Edelhölzer, Korn
und Elfenbein aus Afrika. Auf Grund
des regen Schiffsverkehrs musste schon
bald der Meereshafen gebaut und nicht
lange darauf erweitert werden.

Die Schiffe

Ein durchschnitt-
liches römisches
Schiff war 18 Meter
lang und hatte
eine Ladekapazität
von 50 Tonnen.
Es konnte über
20 000 Liter Wein
und 500 Amphoren
fassen.

Die Waren

Nachdem sie am
Hafen eingetroffen waren, wurden
sie in kleinere Boote, *codicariae*, umge-
laden, die auf dem Tiber nach Rom fuhren.

Schwierigkeiten Roms an allen Grenzen des riesigen Imperiums begonnen, das sich über große Gebiete in Europa, Nordafrika und Asien erstreckte. Immer geringere Loyalität dem Staat gegenüber, Uneinigkeit in der Armee, politische Instabilität sowie wirtschaftliche und finanzielle Krisen bestimmten den Niedergang Roms. Der Druck der Bevölkerung wuchs. Schon die Griechen und später die Römer hatten alle, die nicht ihre Sprache sprachen und unterschiedliche Kulturen hatten, als Barbaren bezeichnet. Je stärker sich diese so genannten Barbaren jedoch in allen Gebieten des Imperiums etablierten, umso aktiver wurde ihre Rolle innerhalb der römischen Armee. Kaiser Konstantin der Große (306 – 337 n. Chr.) hatte indessen einige für die Zeit nach dem Römischen Reich wichtige Weichen gestellt. Nachdem er den Christen Religionsfreiheit gewährt hatte, nahm er auf dem Konzil von Nicäa (325 n. Chr.) die Bereinigung der theologischen Auseinandersetzungen in Angriff, welche die Christen in West und Ost voneinander trennten. Zudem ließ er am Bosporus, auf dem Boden der alten Stadt Byzanz, eine neue Hauptstadt gründen, die ihm zu Ehren Konstantinopel genannt wurde und später, nach der Teilung des Imperiums in West- und Ostrom, große Bedeutung erlangen sollte. In jenen Jahrhunderten kam es auch auf dem wichtigsten wirtschaftlichen Gebiet, der Landwirtschaft, zu einem sozialen Wandel: Die Anzahl der Sklaven, einstmals wichtigste Arbeitskraft, wurde immer geringer. An ihre Stelle rückten Pächter, deren Freiheit allerdings insofern eingeschränkt war, als sie – bei Vererbung vom Vater auf den Sohn – an die Scholle, also das Land, gebunden waren.

Der Hauptplatz
Dieser war von einem Laubengang umgeben. Darin befanden sich die Räume der Kaufleute und Gewerbetreibenden wie etwa Lieferanten für nautische Geräte, Sailer und Wiegemeister. In Ostia lagerten auch Vorräte – Getreide, Öl und Wein –, die nicht sofort von der Stadt Rom aufgebraucht werden konnten.

Nach Kaiser Theodosius (379-395 n. Chr.) wurde die Zweiteilung des Imperiums zu einer politischen Tatsache: Der östliche Teil begann schon nach kurzer Zeit, seinen eigenen Weg zu gehen und den Druck der fremden Völker auf den westlichen Teil zu lenken. Diese drangen immer zahlreicher über die Grenzen des Imperiums, bis sie in den letzten 30 Jahren des 5. Jahrhunderts den endgültigen Niedergang der politischen Strukturen des Weströmischen Reiches bewirkten (476 n. Chr.).
Wer aber waren diese Völker, die zum Untergang Roms führten?

Die Germanen

Entlang der Nordgrenze des Imperiums hatten sich einige Völker indoeuropäischer Herkunft niedergelassen, die den Römern bereits seit Julius Cäsars Zeiten (1. Jahrhundert v. Chr.) bekannt waren. Mit ähnlichen Sitten und Gebräuchen betrieben die Germanen Landwirtschaft auf Gebieten, die der Sippe gehörten; Cäsar hatte angeordnet, dass sie so verfahren sollten, damit niemand zu viel Land und zu großen Reichtum anhäufen könnte. Rinder- und Schweinezucht war wichtiger als Ackerbau. Die Germanen lebten als Halbnomaden, die häufig innerhalb des Stammesgebietes umherzogen. Zu ihnen zählten im 2. und 3. Jahrhundert n. Chr. Alemannen, Westgoten, Sachsen, Angeln, Bajuwaren und Franken. Ihre Kultur wurde mündlich überliefert, auch die Religion war primitiv: Sie verehrten die Gestirne und beteten Steine, Bäume und andere Elemente an, die mit ihrem Lebensraum, dem Wald, in Verbindung standen. Eisen bearbeiteten sie nur zur Herstellung von Waffen: Im Grunde befanden sich

Die Walküren

Die Walküren sind halb göttliche Wesen, die die gefallenen, vom Gott Odin auserwählten Helden nach Walhall, dem Paradies der Krieger, bringen.

DIE GERMANISCHE SAGENWELT

Die Sage von Siegfried, dem Drachentöter, wurde im 13. Jahrhundert nach einer mündlich überlieferten, alten nordischen Sage niedergeschrieben. Nachdem das Rheingold den Nibelungen geraubt wurde, wird es vom Drachen Fafner bewacht. Siegfried tötet den Drachen und bringt das Gold an sich.

Die Nibelungen

Nach manchen skandinavischen Epen sind die Nibelungen Wesen, die im Untergrund leben, Metalle bearbeiten und die wertvollsten für sich behalten.

**Fafner,
der Drache**
Ursprünglich ein
Riese. Die Riesen
in der germani-
schen Mythologie
verkörperten die
Götter des Bösen.

Siegfried
Der unvergleich-
lich starke und
schöne Held, der
den Drachen
tötet und das
Rheingold an sich
bringt.

Der Schatz
Die Riesen raubten
ihn den Nibelungen.

DIE WANDERUNGEN DER GERMANEN, SLAWEN UND HUNNEN

Asiatische Nomadenvölker wie Hunnen und Awaren gaben den Ausschlag, dass im 5. und 6. Jahrhundert germanische Stämme und ab dem 9. Jahrhundert slawische Stämme das ethnische Bild Europas grundlegend veränderten.

Germanen von den Küsten und Steppen

Die Ersten waren Sachsen, Friesen und Dänen, dann folgten die Goten, die seit dem 3. Jahrhundert n. Chr. um das Schwarze Meer und an der unteren Donau saßen.

Britannien

407 n. Chr. verließen die Römer die Insel, die wieder in die Hände ihrer alten Bewohner, Schotten und Briten, überging. Erst ab Mitte des 5. Jahrhunderts wurde sie von Jüten, Angeln und Sachsen besetzt, die eine Reihe von Staaten gründeten.

Franken

Sie einten Gallien und ihr Reich erstreckte sich ab dem 6. Jahrhundert mit König Chlodwig vom Rhein bis zu den Pyrenäen und vom Mittelmeer bis zur Donau.

Westgoten

Sie fielen in Italien ein, plünderten Rom und zogen dann nach Gallien und Spanien weiter. Zum Katholizismus bekehrt, retteten sie den Westen vor den Hunnen.

Ostgoten und Langobarden

Sie folgten einander im 6. Jahrhundert bei der Besetzung Italiens. Die ursprünglich in Pannonien beheimateten Langobarden wurden im 8. Jahrhundert von den Franken besiegt.

Die Wandalen

Aus Spanien vertrieben, landeten sie in Afrika und bauten als Einzige eine Flotte auf.

Schotten

Briten

Franken

Jüten

Angeln

Friesen und Dänen

Sachsen

Burgunder

Alemannen

Langobarden

Wandalen

Ostgoten

Wandalen – Alanen 406 – 409

Westgoten 410

Westgoten 507 – 711

Wandalen – Alanen 409 – 429

Wandalen – Alanen 439 – 534

Die Hunnen

Ihre Wanderungen wirkten sich – von Italien bis nach China – auf sehr weite Bereiche Europas und Asiens aus. Um 370 unterwarfen sie die Alanen, die sich teilweise mit ihnen und teilweise mit anderen Völkern vermischten.

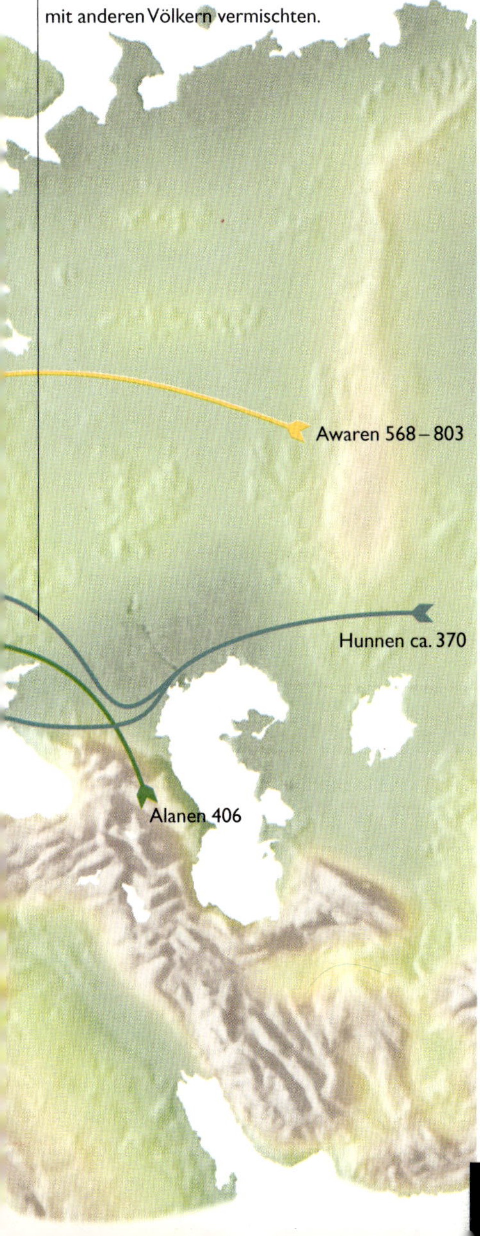

Awaren 568 – 803

Hunnen ca. 370

Alanen 406

die germanischen Stämme ständig im Kriegszustand und überfielen häufig Nachbarterritorien, die sie plünderten. Kampf und Gewalt sind deshalb auch wichtige Elemente in ihrer Sagenwelt. Die politische Struktur der Germanen basierte auf der Sippe, eine Art erweiterte Familie, welche die soziale und wirtschaftliche Zelle ihrer Gesellschaft bildete. Von den Römern übernahmen die germanischen Stämme allmählich fortschrittlichere landwirtschaftliche Techniken. Jene, die ins Römische Reich vorgedrungen waren, versuchten sich rasch an die Römer anzupassen, in deren militärischem und institutionellem System die Möglichkeit zur Erlangung von Positionen und Reichtum bestand, was in keiner der »barbarischen« Gesellschaften der Fall war. Am östlichen Rand des germanischen Siedlungsgebietes und in den Ebenen Südrusslands prallten in römischer Zeit Germanen und Nomaden aus Zentralasien aufeinander, wodurch es zu grundlegenden Veränderung bei einigen Stämmen kam: Ostgoten, Burgunder, Wandalen, Gepiden und teilweise auch Langobarden, die von den Nomaden schon sehr bald das Pferd als militärisches Mittel übernahmen, werden nun als Ostgermanen bezeichnet.

Hunnen

Die militärische Überlegenheit der zentralasiatischen Nomaden hing schon seit langer Zeit vom Einsatz des Pferdes, der Geschicklichkeit mit Pfeil und Bogen und der klugen Anwendung von Kampftaktiken wie vorgetäuschtem Rückzug oder Hinterhalt ab. Im 4. Jahrhundert versetzten die Hunnen ganz Europa und Asien in Angst und Schrecken. Sie eroberten die fruchtbaren

RÖMISCH-GERMANISCHE KUNST

Die künstlerische Kultur der römisch-germanischen Reiche war eine Verbindung zwischen der alten römischen und der jüngeren germanischen Kultur.

Das Kreuz

Das Kreuz ist das Zeichen der Christianisierung der germanischen Völker. Aus dem Schatz von Guarrazar (Toledo) stammt dieses goldene und mit Edelsteinen besetzte gotische Votivkreuz (6. – 7. Jahrhundert).

Der Adler

Die nordischen Völker verehrten die Natur als etwas Heiliges und glaubten an die magische Kraft der Edelsteine: Insignien und Waffen sollten den Feind beeinflussen und den Sieg bringen. Die Abbildung zeigt eine goldene Fibel in Adlerform mit Almandinen, 6. – 7. Jahrhundert (Nürnberg, Germanisches Nationalmuseum).

Ebenen Nordchinas und fielen auch nach Nordindien ein. Einige Stämme traten in Osteuropa den Ostgermanen entgegen und bewirkten dadurch große Völkerwanderungen nach Westen. Die Hunnen waren Stämme aus der türkisch-mongolischen Völkergruppe der Steppen Zentralasiens. Ihre Organisationsform, die so genannte Horde, bestand aus einer Gruppe von Stämmen, die einem An-

führer unterstanden. Attila, der in der 2. Hälfte des 5. Jahrhunderts lebte, gilt als einer der größten Hunnenführer. Eine Aristokratie von Kämpfern bildete die Führungsschicht, der Horde, die sich in den eroberten Gebieten nicht an eine sesshafte Lebensform anpasste. Hunneneinfall und Beginn der germanischen Völkerwanderung kennzeichnen den Übergang von der Spätantike zum frühen Mittelalter. Es war

Merowingische Kunst
Glasflaschen aus dem 5. Jahrhundert aus der Provinz Oise (Nationalmuseum für Antike Kunst, St.-Germain-en-Laye). Mit den Merowingern erreichten die Franken die politische Einheit.

Die Vermischung der Stile
Die westgotische Kirche von San Juan Bautista de Baños in Spanien ist die Verbindung eines mediterranen Architekturstils mit germanischen Dekorationselementen. Dies zeigt, dass die Vermischung der Völker auch zu einer gegenseitigen Durchdringung von Stilen und Ideen führte.

eine Zeit großer ethnischer und kultureller Vermischung: In den ehemaligen römischen Provinzen Mittel- und Osteuropas – von der Donau bis zur Ägäis – setzten sich die barbarischen Kulturen durch, in Italien, Spanien und Gallien wie überhaupt im Westen trat jedoch genau das Gegenteil ein: Es kam zur Romanisierung der Barbaren.

Römisch-germanische Reiche

Das Eindringen der germanischen Völker in das ehemalige Imperium Romanum führte zur Entstehung verschiedener Reiche: die

Wandalen in Afrika, die Westgoten in Spanien, die Franken in Gallien, die Angeln, Jüten und Sachsen in England und die Ostgoten in Italien gründeten die wichtigsten und beständigsten dieser Reiche. Wie bereits erwähnt, erfolgte diese Invasion mehr in einer Serie gewalttätiger Episoden mit wilden Plünderungen durch Völker, die von den Städten aus Stein und Ziegeln und einem verfeinerten Lebensstil fasziniert waren, als im Stile einer wirklichen militärischen Eroberung. Es handelte sich letztlich eher um eine Verschmelzung von Völkern als um die Herrschaft eines Volkes über ein anderes. Die Germanen wurden Christen und versuchten nicht, die Fundamente der

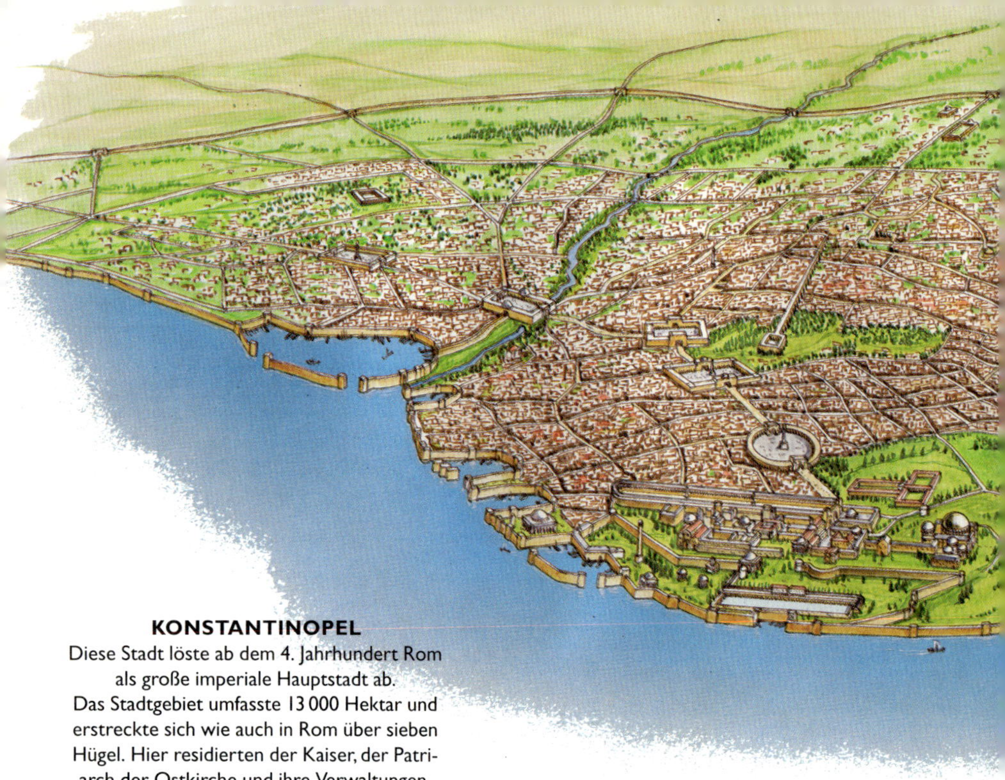

KONSTANTINOPEL

Diese Stadt löste ab dem 4. Jahrhundert Rom als große imperiale Hauptstadt ab. Das Stadtgebiet umfasste 13 000 Hektar und erstreckte sich wie auch in Rom über sieben Hügel. Hier residierten der Kaiser, der Patriarch der Ostkirche und ihre Verwaltungen. Im 6. Jahrhundert wuchs die Einwohnerzahl Konstantinopels auf eine halbe Million an.

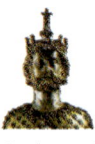

römischen Gesellschaft zu zerstören. Sie setzten vielmehr ihre eigene kriegerische Elite in Machtpositionen im römischen Verwaltungsapparat ein. Das Wandalenreich war das einzige, in dem es nicht zur Zusammenarbeit zwischen Germanen und der lokalen Bevölkerung kam. Die Wandalen waren arianische Christen und verfolgten über lange Zeit hinweg die Katholiken.

In den römisch-barbarischen Reichen kam es zum Niedergang der wirtschaftlichen und institutionellen Fundamente, auf denen die städtische Gesellschaft beruhte, und es bildete sich eine soziale Organisation, deren Schwerpunkt auf dem Land lag. Die Sklaverei wurde durch die Abhängigkeit der Bauern von Grundbesitzern ersetzt, die mit der Befehlsgewalt zu ihrem militärischen Schutz ausgestattet waren.

Das Oströmische Reich (Byzanz)

Der östliche Teil des Römischen Reiches hatte sich politisch bereits seit Ende des

Hagia Sophia
Die prächtigste Kirche des Orients wurde zwischen 532 und 537 n. Chr. auf einem quadratischen Grundriss von mehr als 10 000 Arbeitern erbaut.

4. Jahrhunderts vom westlichen Teil getrennt und widerstand auch den Völkerwanderungen. Nicht zuletzt auf Grund der überaus günstigen geographischen Lage verfügte er über eine große wirtschaftliche Macht. Konstantinopel war der natürliche Treffpunkt der Handelswege zwischen Orient und Okzident und in der Stadt entfaltete sich auch das Handwerk zu größter Blüte, insbesondere im Bereich von Luxusartikeln wie Schmuck und Textilien. Durch die Handelsverbindungen gelangten Stoffe aus Bagdad, kostbare Seide aus China und Edelsteine aus Indien nach Konstantinopel. Die oströmischen Kaiser schlossen erfolg-reiche Abkommen mit den eindringenden Hunnen und Germanen, denen sie große Summen als Lösegelder boten, und lenkten die Wucht der Völkerwanderung damit auf den Westen ab. Das Byzantinische Reich besann sich auf sein Erbe der griechischen Kultur und wertete diese wieder auf – ein Faktor der kulturellen und sprachlichen Einheit, der in nicht geringem Maße dazu beitrug, dem Reich eine tausendjährige Stabilität und Festigkeit zu verleihen. Das Oströmische Reich organisierte seine eigene riesige Staatsstruktur und betrieb eine eigene Politik. Die glänzendste Figur der ersten Jahrhunderte Ostroms war zweifellos Kaiser Justinian (527 – 565 n. Chr.). Er

versuchte den Glanz des alten Römischen Reichs wiederherzustellen. So führte er eine umfassende Reform des Römischen Rechts durch, das im *Corpus iuris civilis* zusammengefasst wurde, einem grundlegenden Werk, das die Rechtsentwicklung für Jahrhunderte beeinflussen sollte. Und er unternahm den Versuch einer militärischen Rückeroberung des Westens gegen die römisch-germanischen Reiche, der jedoch zum Scheitern verurteilt war.

Das Reich der Sassaniden

Eine ständige Bedrohung des Römischen Reichs seit der Eroberung Griechenlands im 2. Jahrhundert v. Chr. stellte im Orient das Reich der Parther dar, Erbe des von Alexander dem Großen im 4. Jahrhundert v. Chr. zerschlagenen persischen Großreichs, das sich von der iranischen Hochebene bis nach Mesopotamien und Syrien hinein erstreckte. 227 n. Chr. wurde die Dynastie der Arsakiden, die das Reich der Parther beherrschte, von der neuen, rein persischen Dynastie der

DIE SASSANIDENARMEE
Die Schlagkraft des Sassanidenreiches basierte auf der vorzüglich organisierten und kampfstarken Armee.

In dritter Reihe
Hinter den beiden Stoßtrupps befanden sich die Elefanten.

In zweiter Reihe
Gleich hinter den schweren Reitern folgte die leichte Kavallerie mit Bogenschützen aus dem niedrigen Adel.

Sassaniden ersetzt. Mit ihnen kam es zu einer völligen Restauration von Kultur, Verwaltungsstruktur, politischen Programmen und der Religion des alten persischen Reichs und sie schafften alle Neuerungen ab, die nach der Eroberung durch Alexander den Großen und während der Herrschaft der Parther eingeführt worden waren. Insbesondere wurde die absolute Respektierung der Lehre Zarathustras verlangt, des alten Propheten und Religionsgründers der Meder und Perser.

Die neuen Herrscher betrieben auch eine aggressive Politik gegenüber Rom. Etwa Mitte des 3. Jahrhunderts hatte König Schapur I. den römischen Kaiser Valerian (253–260 n. Chr.) besiegt, gefangen genommen und schließlich ermordet. Im 5. Jahrhundert galt der persische König neben dem oströmischen Kaiser als einer der mächtigsten Herrscher der Welt, er wurde ebenso gefürchtet wie die Anführer der großen Nomadenvölker Zentralasiens und galt als ebenso mächtig wie der Kaiser von China.

An vorderster Front
Vor allen anderen befand sich die schwere, gepanzerte Reiterei, die sich aus Angehörigen der persischen Aristokratie zusammensetzte.

Ein Flachrelief
Der persische Kaiser Schapur triumphiert über die römischen Kaiser Gordian III. (unter den Hufen des Pferdes), Philipp, den Araber (kniend), und Valerian (vom Kaiser entwaffnet, der ihn an der Hand hält). Bischapur (Iran), 3. Jahrhundert n. Chr.

DIE GROSSEN ZIVILISATIONEN ASIENS

Während des europäischen Frühmittelalters bedrohten in Asien die türkisch-mongolischen Nomadenvölker die sesshaften Völker. Trotz Krisen und Instabilität erlebten China, Japan und Indien glänzende Epochen.

DIE DRUCKKUNST

Die erste Methode zur Vervielfältigung von Schrift fand in China seit dem 8. Jahrhundert Verbreitung.

Indien

Die Gupta bauten zwischen 320 und 550 ein geeintes Reich auf, dem andere Reiche der hinduistischen Kultur folgten. Danach ist die indische Geschichte durch fehlende Einheit und den Widerstand gegen die Verbreitung des Islams gekennzeichnet. Die Abbildung zeigt den Hindu-Tempel von Khajaurao in Nordindien (10. – 11. Jahrhundert).

1. Buchstaben werden in Stein geschnitten.

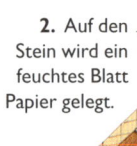

2. Auf den Stein wird ein feuchtes Blatt Papier gelegt.

Papier
Neben Tinte (einer Mischung aus Tannenholzkohle und pflanzlichem Leim) wurde in China seit dem 2. Jahrhundert Papier hergestellt.

China

An den östlichen Grenzen der den Europäern damals bekannten Welt hatte auch das riesige Chinesische Reich die Folgen der Wanderungen der großen zentralasiatischen Nomadenvölker zu spüren bekommen. Um sich gegen diese zu verteidigen, hatte man Ende 200 v. Chr. mit dem Bau einer großen, fast 4 000 Kilometer langen Mauer begonnen. Zwischen 206 v. Chr. und 220 n. Chr. hatte die Han-Dynastie geherrscht, die China die Reichsform gegeben hatte, die bis zum ersten Jahrzehnt des 20. Jahrhunderts bestehen sollte. Nach der Absetzung des letzten Han-Kaisers wurde das Chinesische Reich in drei

Teile aufgeteilt und es begann eine Periode des Niedergangs, die von Hunneneinfällen und Bürgerkriegen geprägt war. Es war die Zeit, in der in China allmählich die in Indien entstandene buddhistische Religion Eingang fand. 618 begann die Herrschaft der T'ang-Dynastie, die das Reich an die Schwelle zum 2. Jahrtausend und zur höchsten Machtentfaltung führte. Militärische Eroberungen in Indien, Zentralasien und im heutigen Afghanistan sowie die Verbreitung des Buddhismus, der chinesischen Kultur und Sprache in Korea und in der Mandschurei schufen einen chinesischen Kulturkreis, der viel länger überlebte als die Dynastie, die ihn gefördert hatte. In diesem Abschnitt seiner Geschichte war China ungewöhnlich offen für wirtschaftliche Kontakte zum Ausland. Chinesisches Porzellan war im gesamten Nahen und

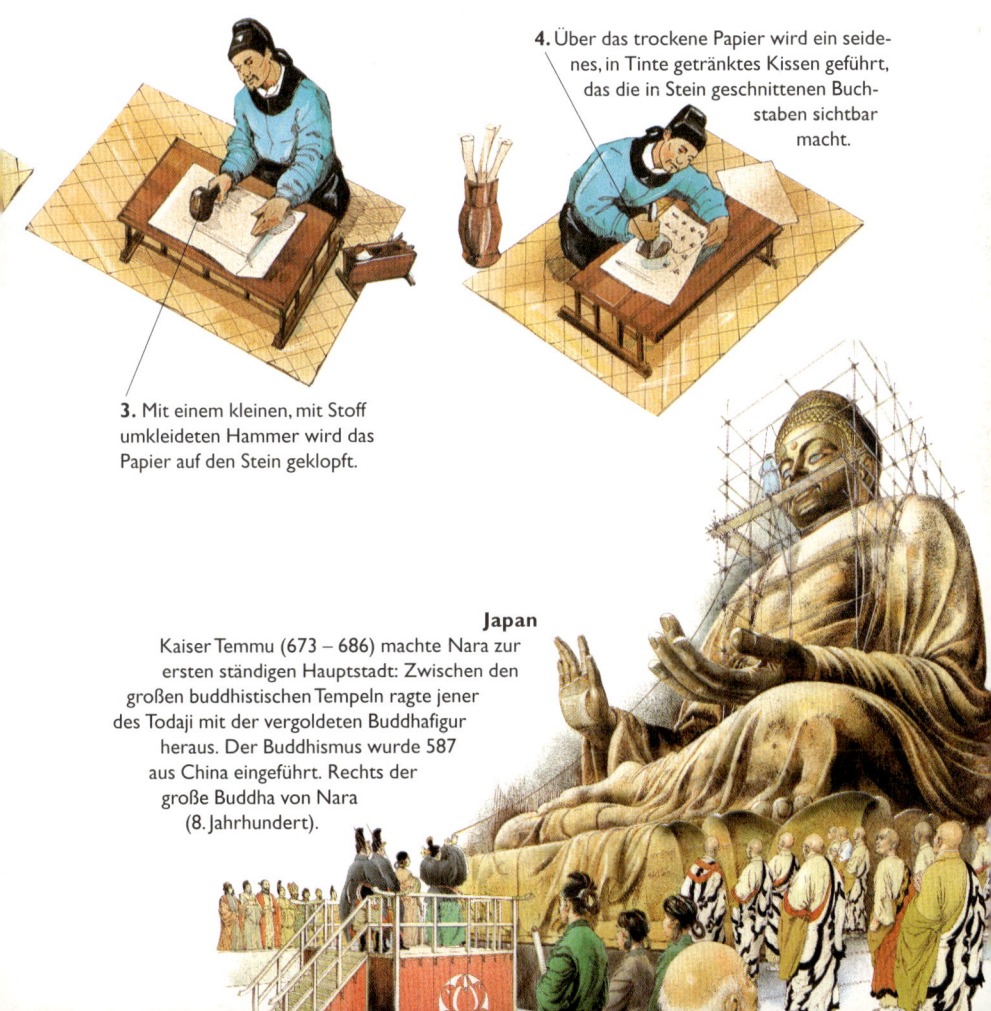

4. Über das trockene Papier wird ein seidenes, in Tinte getränktes Kissen geführt, das die in Stein geschnittenen Buchstaben sichtbar macht.

3. Mit einem kleinen, mit Stoff umkleideten Hammer wird das Papier auf den Stein geklopft.

Japan
Kaiser Temmu (673 – 686) machte Nara zur ersten ständigen Hauptstadt: Zwischen den großen buddhistischen Tempeln ragte jener des Todaji mit der vergoldeten Buddhafigur heraus. Der Buddhismus wurde 587 aus China eingeführt. Rechts der große Buddha von Nara (8. Jahrhundert).

Mittleren Osten sehr begehrt. Die feinen Seiden galten als Luxusartikel, die auf den Märkten von Konstantinopel ebenso gefragt waren wie in Bagdad oder in Nordeuropa. Die Kunst der Papierherstellung verbreitete sich in jener Epoche durch chinesische Gefangene, die diese Techniken beherrschten, über die gesamte islamische Welt. Tsch'ang'an, die Hauptstadt Chinas der T'ang-Dynastie, war die größte Stadt Asiens und übertraf sogar Bagdad, die Hauptstadt des islamischen Reichs der Abbassiden, das gerade in jener Epoche seine höchste Blütezeit erlebte.

Der Islam

Die Entstehung des Islams war das wichtigste Ereignis in der Weltgeschichte in den 1000 Jahren, die zwischen dem Ende Westroms und dem 16. Jahrhundert – dem Beginn des Zeitalters der großen Entdeckungen – liegen. Für die nomadisierenden Beduinenstämme, die auf der Arabischen Halbinsel umherzogen, stellte die vom Propheten Mohammed im 7. Jahrhundert begründete Religion einen wichtigen Faktor der kulturellen, sprachlichen, politischen und wirtschaftlichen Einigung dar.

In weniger als einem Jahrhundert verbreitete sich der Einfluss des in Arabien entstandenen Islams über ein Gebiet, das sich von Spanien bis zu den Grenzen des Chinesischen Reichs, von den Bergen des Kaukasus bis zur Wüste Sahara erstreckte. Der Islam setzte das Oströmische Reich unter Druck und führte zum Untergang des persischen Sassanidenreichs, während Konstantinopel zweimal belagert (674–678, 717/18) wurde. Anfangs war der Islam keine missionierende Religion. Mohammed respektierte Juden- und Christentum und betrachtete Abraham

und Jesus als seine Vorgänger. Juden und Christen war die freie Religionsausübung gestattet, wenn sie die verlangten Steuern bezahlten. Nach Mohammed ging die politische und religiöse Macht in die Hände seiner Nachfolger, der Kalifen der Omaijaden (661–750), über, die Damaskus in Syrien zu ihrer Hauptstadt machten und denen die wichtigsten und entscheidenden territorialen Eroberungen gelangen.

Auch wenn sie ein riesiges Reich kontrollierte, wurde die muslimische Herrschaft

Der Felsendom
Das 691 erbaute islamische Heiligtum steht auf dem Tempelberg, auf dem sich der von den Römern 70 n. Chr. zerstörte große Tempel des Herodes befunden hatte.

JERUSALEM

Die drittwichtigste heilige Stadt des Islams nach Mekka, wo Mohammed 570 geboren wurde, und Medina, wo er dann Aufnahme gefunden hatte. Nach dem Islam soll Mohammed an der Stelle, an der sich heute in Jerusalem der Felsendom befindet, zum Himmel aufgestiegen sein.

Der Koran

Das heilige Buch des Islams ist der Koran. Darin sind die Botschaften Allahs zusammengefasst, die Mohammed mündlich weitergegeben hatte. Seine Schüler fassten sie in 114 Kapitel zusammen, so genannten Suren, die dem Menschen den Weg zur ewigen Rettung weisen. Eine mit Miniaturen geschmückte Seite des Korans aus mameluckischer Zeit 1252 – 1517 (Kuwait, Atàr-al-Islamiyya-Museum).

Die Pflichten

Ein Moslem muss fünf grundlegende Pflichten erfüllen:

1) das Glaubensbekenntnis, Allah als einzigen wahren Gott anzuerkennen;
2) täglich fünfmal zu beten und jeden Freitag die Moschee zu besuchen;
3) im Monat Ramadan vom Morgengrauen bis zur Abenddämmerung zu fasten;
4) Arme mit Almosen zu unterstützen;
5) einmal im Leben auf Pilgerfahrt nach Mekka zu gehen.

BAGDAD

Die prachtvolle Hauptstadt des Abbassidenreichs, die heutige Hauptstadt des Iraks, wurde 762 von dem Kalifen Al-Mansur (754 – 775) gegründet.

Die Stadt

Wie viele moslemische Städte entwickelte sich Bagdad ungeordnet um die Hauptmoschee und verschiedene Märkte. In den engen Gässchen wimmelte es nur so von Läden und kleinen Werkstätten.

Die Waren

Auf den orientalischen Märkten wurden die Waren im Freien verkauft. Man fand dort Luxusartikel (Seide, edle Hölzer, Edelsteine, Perlen, Parfüms, Gewürze, Farbstoffe, Elfenbein, Gold, Sklaven) und Lebensmittel. Sehr gefragt waren wertvolle Stoffe wie Damast (typische Gewebe aus Damaskus aus Seide oder Baumwolle) und Baumwoll-, Seiden- oder Wollstoffe aus Mossul.

durch politisch-religiöse Auseinandersetzungen und Autonomiebestrebungen erschüttert, die im Jahr 750 in einer bewaffneten Revolte gipfelten. An ihrer Spitze stand die Familie der Abbassiden, die, unterstützt von den Persern, die Herrschaft über das Kalifat an sich riss und bis 1258 innehatte. Die Einheit des Islams zerbrach. Die Omaijaden zogen sich nach Spanien zurück, wo sie das von Damaskus unabhängige Emirat von Córdoba gründeten; in Nordafrika bildeten sich weitere unabhängige Staaten unter den Fatimiden mit dem Zentrum Kairo in Ägypten; die Abbassiden machten Bagdad zu ihrer Hauptstadt.

Die rasche Verbreitung des Islams und die Begegnung mit dem Oströmischen und dem Sassanidenreich führten dazu, dass man sich in der Verwaltung und in der Aus-

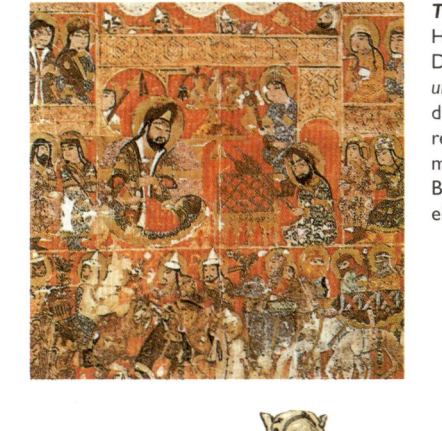

Tausendundeine Nacht

Harun al-Raschid (786 – 809), ein Kalif aus der Abbassiden-Dynastie, ist der Held vieler Geschichten aus *Tausendundeiner Nacht*, dem wohl bekanntesten arabischen Buch. Zu dieser Sammlung von Geschichten, die im 16. Jahrhundert ihre endgültige Gestalt annahm, trug die abbassidische Kultur mit einem Schatz von Erzählungen bei, deren Zentrum Bagdad ist. Links eine Szene aus dem Abbassidenpalast auf einer Miniatur aus dem 13. Jahrhundert.

übung der Macht zunächst an ihnen orientierte und die offiziell benutzten Sprachen Griechisch, Koptisch und Persisch waren. Mit zunehmendem arabischen Einfluss verbreitete sich jedoch die arabische Sprache und es wurden die ersten islamischen Gold- und Silbermünzen geprägt. Diese lösten die byzantinischen Münzen ab, die noch im Umlauf waren (um 700 n. Chr.). Der Gebrauch einer gemeinsamen Sprache und die

Einrichtung einer zentralisierten Verwaltung wurden von nun an zum Wesensmerkmal des politischen Aufbaus der islamischen Welt. Es entstanden große, prächtige Städte mit blühender Kultur. In der Begegnung mit der hellenistischen Welt fanden Übersetzungen der Werke von Aristoteles, Hippokrates, Galen, Euklid und Ptolemäus Verbreitung. Ganz besonders fruchtbare Beiträge leisteten die Araber auf dem

Gebiet der Astronomie und Mathematik. Ihre Wissenschaft und Technologie sollten einen starken Einfluss auf die zivilisatorische Entwicklung Europas in den kommenden Jahrhunderten haben. Die Zahlen, die wir heute verwenden, sind arabischen Ursprungs und auch die Null, ohne die unsere Mathematik nicht denkbar wäre, kam von den Arabern zu uns.

Das christliche Abendland

Zwischen dem 5. und 11. Jahrhundert entwickelte das europäische Abendland dank einer glücklichen Verbindung aus germanischer Militärtradition und griechisch-römischer Zivilisation eigene und ursprüngliche Merkmale, unter denen die kulturelle und politische Rolle der christlichen Religion herausragt. Zu Beginn beschränkte sich das Christentum vorwiegend auf die Städte, während auf dem Land weiterhin die heidnischen Kulte verwurzelt waren. Später, nach der Zerstörung der politischen Struktur des Römischen Reiches, verbreitete es sich in vielen Regionen, die ehemals Teil des Imperiums gewesen waren. Um die fehlende Autorität zu ersetzen, gab es nun die Kirche, die bereits über eine nach dem römischen Verwaltungsmodell geformte hierarchisch-territoriale Organisation verfügte. Sie basierte auf der Person des Bischofs, dem Oberhaupt des Klerus und Herrn über die Gläubigen. Seine Autorität erstreckte sich über die Stadt, in der er residierte, und über das Territorium, das dieser verwaltungsmäßig unterstand, die Diözese. Während des gesamten europäischen Mittelalters bildeten Bischof und Stadt eine untrennbare Einheit. Die Kirche bediente sich der alten Verwaltungsstruktur des Imperiums, um ihre

Montecassino
Das auf einem Berg zwischen Rom und Neapel gelegene Kloster wurde 529 von Benedikt von Nursia – dessen Existenz von manchen Historikern in Zweifel gezogen wird – an der Stelle eines heidnischen Apollontempels errichtet. Der Heilige baute dort eine Unterkunft für sich und seine Mönche sowie ein Oratorium.

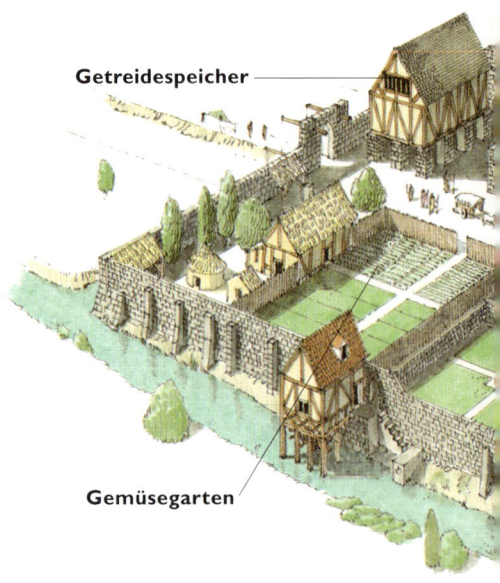

Getreidespeicher

Gemüsegarten

DIE BENEDIKTINERABTEI
Eine Abtei nach den Regeln des hl. Benedikt war ein komplexer Organismus, der sich selbst versorgen konnte. Dort wurden alle Aktivitäten, die zu einem wichtigen Wirtschafts- und Handelszentrum gehören, ausgeübt.

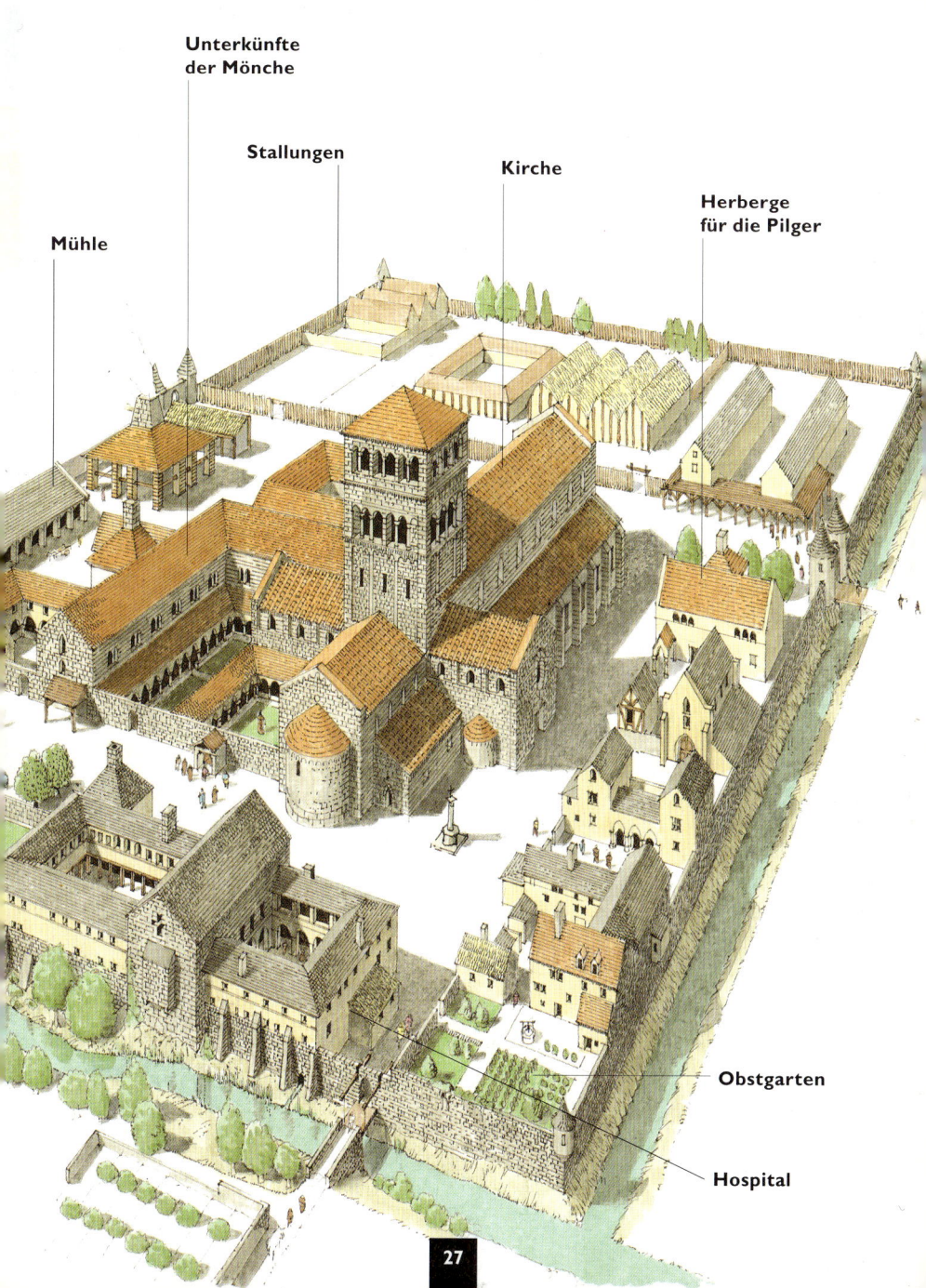

Unterkünfte
der Mönche

Stallungen

Kirche

Herberge
für die Pilger

Mühle

Obstgarten

Hospital

27

eigene zu schaffen. Die großen Städte im Osten – Jerusalem, Antiochia, Ephesus, Korinth – waren wichtige Bischofssitze; die Oberherrschaft hatte jedoch der Bischof von Rom, der Papst, der als direkter Nachfolger des heiligen Petrus zum Oberhaupt der Kirche wurde, bis Unterschiede in der Lehre zur Trennung in West- und Ostkirche führten.

Eine wichtige Persönlichkeit für die Verbreitung des Christentums auch auf dem Land, die Bewahrung des kulturellen Erbes der klassischen Antike und die Weitergabe von Wissen war der Begründer des abendländischen Mönchtums Benedikt von Nursia (480 – 549). Das mönchische Leben war in den Wüsten Ägyptens entstanden und hatte sich im Orient in der Form des Eremitentums – der individuellen Einsiedelei – verbreitet. Im Westen entwickelte es sich immer mehr zu einem Leben in klösterlichen Gemeinschaften. In den Klöstern, die nach der Regel des hl. Benedikt – »ora et labora!« – »bete und arbeite!« – aufgebaut waren, bewahrten geduldige Kopisten Werke und Manuskripte der Antike vor der Zerstörung. Mönche, die in der Landwirtschaft arbeiteten, begannen Land urbar zu machen und kleine Obst- und Gemüsegärten in landwirtschaftliche Betriebe umzuwandeln, wodurch sie nach und nach zur Wiederbesiedlung und zur Schaffung neuer Formen organisierten Lebens beitrugen.

Bisweilen wurde die christliche Religion friedlich verbreitet, etwa auf den Britischen Inseln, wo viele Missionare wirkten. In anderen Fällen – wie bei den Sachsen – erfolgte dies allerdings auch mit großer Grausamkeit, was durch die Waffengewalt des mächtigsten der römisch-germanischen Reiche, des Frankenreichs, geschah.

DIE SCHLACHT ZWISCHEN TOURS UND POITIERS

Am 17. Oktober 732 besiegte eine Armee von rund 6000 Franken unter dem Befehl von Karl Martell in Südfrankreich ein Maurenheer in etwa gleicher Stärke, das von Abd ar-Rahman befehligt wurde. Nach Ansicht mancher Historiker wurde durch diesen Sieg die Expansion der Mauren nach Westen gestoppt.

Abd ar-Rahman
Er herrschte über Spanien, das 711 von den Mauren erobert worden war. Seine Niederlage in Frankreich trug dazu bei, dass sich die Omaijadenherrscher dazu entschlossen, ihre Eroberungszüge nicht über die Pyrenäen hinaus fortzusetzen.

Die fränkische Reiterei

Sie setzte sich aus Schwadronen zusammen und war beweglicher als die Infanterie. Man fürchtete sie vor allem wegen der Steigbügel – die Byzantiner und Muselmanen allerdings bereits kannten. Sie verliehen dem Reiter einen festeren Halt im Sattel, sodass er mit erhobener Lanze schneller reiten konnte.

Karl Martell (689 – 741)

Vom Hausmeier in Austrasien, einem der Reichsteile, aus dem das von Chlodwig Ende des 5. Jahrhunderts gegründete Frankenreich bestand, wurde Karl Martell zum wahren Herrn des Reiches. Der offizielle Übergang von der von Chlodwig begründeten Dynastie der Merowinger zu den von Pippin begründeten Karolingern erfolgte erst durch einen Sohn Karl Martells, nämlich durch Pippin den Jüngeren.

Die fränkische Infanterie

Sie schützte sich mit großen, schweren Schilden in Tropfenform.

KARL DER GROSSE IN AACHEN

Karl der Große hatte Aachen zu seinem Sitz gemacht, wo er Gebäude, Thermalanlagen, Kirchen und die Kapelle des Kaiserlichen Palasts errichten ließ. Diese Pfalzkapelle, wo sich auch der Thron befand, bildet den ältesten Teil des Aachener Doms.

Der Thron

Er stand in erhöhter Position unter einem riesigen Mosaik, auf dem Christus abgebildet war. Karl der Große galt in den Augen seiner Untertanen als Mittler zwischen Gott und den Gläubigen.

Die Gesandten des Herrschers

Um ein so riesiges Reich zu regieren, musste es Karl der Große in Regionen unterteilen, die Grafen anvertraut wurden. Diese wiederum wurden durch die Gesandten des Herrschers kontrolliert, Adelige, die Ämter im Palast von Aachen innehatten und denen Karl der Große absolutes Vertrauen schenkte.

Die Karolongische Renaissance

Im Jahr 800 wurde der Frankenkönig Karl der Große vom Papst zum Kaiser des Heiligen Römischen Reiches gekrönt. Die Idee eines großen, universalen Kaiserreichs war nicht mit dem Ende Westroms untergegangen. Der Kaiser Ostroms betrachtete sich natürlich als legitimen Erben jener Herrscherwürde, die nun schon lange zurücklag, aber er regierte nur über den griechischen Teil jenes Territoriums. Das Reich Karls des Großen war ein fränkisch-katholisches Reich, dessen Zentrum nicht das Mittelmeer, sondern das Rheintal war, und er selbst gehörte einem Barbarenvolk an. Der Begriff »Heiliges Römisches Reich« sollte eine lange Zukunft haben: Er bestätigte die Verbindung zwischen weltlicher und religiöser Autorität, eine Allianz, die schon in Kürze zu schweren Konflikten führen sollte, da sie die Kompetenzgrenzen zwischen dem Kaiser – der zugleich in religiöser Hinsicht eine Führungsrolle ausübte – und dem Papst – der über weltliche Macht verfügte – noch mehr verwischte. Von dem kleinen Aachen aus, das wahrscheinlich nicht mehr als 2 000 Einwohner hatte, kümmerte sich Karl der Große vor allem darum, schriftlich niederlegen zu lassen, welche Funktion er im Römischen Reich innehatte, sodass die Befehle in präziser Form bei den Amtsträgern in den Randgebieten eintrafen und dort richtig verstanden wurden. Dazu war eine hoch gebildete Verwaltung notwendig. An zweiter Stelle wollte Karl der Große als geistiger Führer die religiöse Lehre möglichst weit verbreiten lassen, weshalb er die Ausbildung des Klerus förderte. Zusammenfassend kann man sagen, dass sich der Hof unter Kaiser Karl dem Großen

In Frankreich
Um 890 griff eine Gruppe aus Spanien kommender Sarazenen einen kleinen Ort an der Côte d'Azur namens Fraxinetum an. Die strategische Position des Ortes ermöglichte es den Piraten, ihn als Ausgangspunkt für eine ganze Reihe von Überfällen zu benutzen, mit denen sie die gesamte Küste in Angst und Schrecken versetzten. Das Foto zeigt die Festung von Miramas-le-Vieux.

DIE SARAZENEN
Seit dem 9. Jahrhundert überfielen islamische Stämme aus Nordafrika die europäischen Küsten, von wo aus sie ins Landesinnere vordrangen. Rom wurde 846 Opfer eines Sarazenenüberfalls.

 von einer Versammlung tapferer Krieger zu einem Zentrum von Kunst und Kultur wandelte. Während seiner Herrschaft vollzog sich die großartige Erneuerung, die in der Geschichtsschreibung heute als Karolingische Renaissance bezeichnet wird.

Die letzten Invasionen in Europa
Die relativ stabile Herrschaft der Karolinger in Westeuropa garantierte den religiösen Orden und Kaufleuten eine gewisse Sicherheit, denn zwischen dem 8. und 9. Jahrhundert waren Klöster und Märkte schutzlos und die römischen Festungen völlig verlassen. Der Reichtum, der sich an diesen Orten ansammelte, zog Plünderer aus fernen Gegenden an, Abenteurer, die sich über die religiösen Gesetze hinwegsetzten, die den heiligen Stätten des christlichen Abendlandes Schutz bieten sollten. Im 9. und 10. Jahrhundert wurde Europa immer wieder von Invasionen der Sarazenen, Wikinger und Ungarn heimgesucht.

Die Überfälle
Die Sarazenen raubten alles, was ihnen in die Hände fiel, insbesondere Edelmetalle, Wertgegenstände sowie Männer und Frauen, die sie als Sklaven in die islamische Welt brachten.

Die Sarazenen

Die Einfälle der Sarazenen – im Mittelalter wurden Araber und Mohammedaner von den Europäern häufig so genannt – waren vor allem Versuche, die arabischen Eroberungen weiter auszudehnen. Nach der Besetzung von Sizilien, die 827 vollendet war, etablierten die muselmanischen Piraten ihre Stützpunkte entlang der italienischen Küste und danach im Süden Galliens, von wo aus sie weite Gebiete Europas bedrohen konnten. Korsika und Sardinien wurden häufig angegriffen und viele Klöster und Städte Italiens, darunter auch Rom, erfuhren Plünderungen. Den größten Anteil an der Vertreibung der Piraten aus ihren Stützpunkten in Italien hatten die Armeen des Byzantinischen Reiches.

Die Wikinger oder Normannen

Noch größere Auswirkungen auf Europa zeigten die Überfälle der Wikinger oder Normannen, was nichts anderes als »Nordmänner« oder »Männer aus dem Norden«

DIE WIKINGER IN PARIS

Ende des 9. Jahrhunderts geriet das von Karl dem Großen gegründete Reich in Schwierigkeiten. Paris – hier auf einer Ansicht von Nordwesten nach Südwesten – wurde 885 und 886 von dänischen Wikingern geplündert.

Die Brücken

Der Siedlungskern von Paris auf der Flussinsel Île de la Cité war mit dem Festland über zwei Brücken verbunden, eine aus Stein und eine aus Holz. Nach Zerstörung der Holzbrücke konnten die Wikinger mit ihren Schiffen bequem auf der Seine fahren, um die Ländereien der Umgebung zu plündern.

Das Lager
Die Wikinger schlugen es am Nordwestufer der Seine auf. Es war eher ein guter Ausgangspunkt für spontane Angriffe als für eine wirkliche Belagerung.

bedeutet. Sie kamen aus Dänemark und dem südlichen Teil der Skandinavischen Halbinsel, Gebiete, die damals sehr abgelegen waren. Es handelte sich um germanische Völker, die in den ersten nachchristlichen Jahrhunderten mit ihren Schiffen über die Meere fuhren und mit der römischen Welt hervorragende Handelsbeziehungen unterhalten hatten. Zwischen 650 und 800 erschienen sie auf dem europäischen Festland. Sie hatten eine ganz bestimmte Schiffsart, so genannte Drachenboote, lange, schmale Boote, die sowohl an der Küste als auch auf offenem Meer einsetzbar waren. Falls nötig, konnten sie mit diesen Schiffen sogar flussaufwärts fahren, um ins Landesinnere einzudringen. Die Wanderungen dieser skandinavischen Völker folgten bisweilen den großen internationalen Handelswegen. Einige gingen nach Osten, in die russische Steppe, wo sie großen Anteil an der Entstehung des ersten russischen Staates hatten und mit der byzantinischen und islamischen Welt in Kontakt traten; andere gelangten nach Island und erreichten wahr-

St. Peter und St. Paul
Eine der ältesten Kirchen von
Paris wurde später in Ste.
Geneviève umbenannt. An ihrer
Stelle hinter dem Panthéon
steht heute das Lycée Henri IV.

**Die Abtei
Saint Germain des Prés**
Die älteste Kirche von Paris steht
auf den Überresten einer Basilika
von 542. Sie besitzt eine der ältesten Glocken Frankreichs.

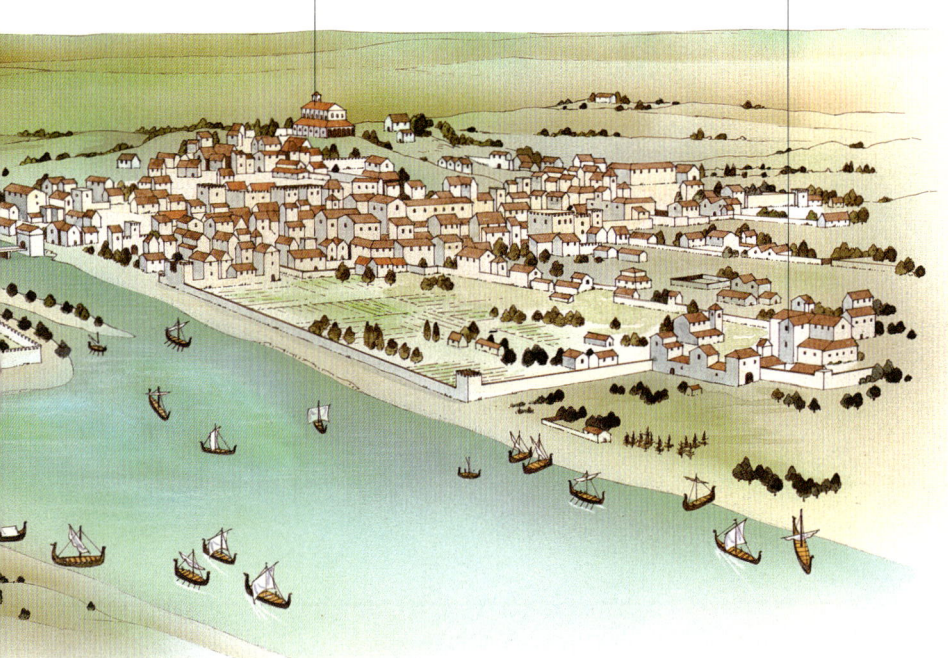

scheinlich auch den amerikanischen Kontinent; wieder andere fuhren über den Atlan-
tik bis ins Mittelmeer. 859/60 wurden London, York, Rouen, Nantes und später auch
Sevilla, Cádiz, Katalonien, die Balearen, die
südliche Provence, Luni und Pisa von Nor-
mannenüberfällen heimgesucht. Die normannische Invasion geschah zunächst unter dem Vorzeichen von Raub und Plünderung. Schon bald verlangten die Wikinger
jedoch Abgaben von den eroberten Völkern
und schufen politische Gebilde, in denen
die christliche Religion akzeptiert wurde. Im

9. Jahrhundert ließen sich die Nordmänner
vor allem in Nordfrankreich nieder, und
zwar in einer Region, deren Name heute
noch an sie erinnert: Normandie. Von dort
aus machte sich Normannenherzog Wilhelm 1066 auf, um England zu erobern. Inzwischen hatten die Wikinger das Karolin-
gerreich ins Wanken gebracht, was bemer-
kenswerte Auswirkungen auf die soziale
und militärische Neuorganisation des Westens hatte. Tatsächlich kam es zu einem verstärkten Bau von Burgen und zu einer zu-
nehmenden Autonomie ihrer Besitzer, der

Wikingerschiffe

Die Wikinger drangen auf schiffbaren Flüssen ins Landesinnere ein. Falls es nötig war, legten sie den Mast um, holten die Ruder ein, banden das Steuer mit einem Seil fest und zogen das Schiff auf Holzstämmen bis zum nächsten Wasserlauf.

Waren

Auf den großen, von den Skandinaviern gegründeten Märkten Russlands tauschte man Waren aus dem Norden, etwa Felle, Elfenbein, Zähne des Narwals und Sklaven, gegen Wachs und Ambra, aber auch Bronze und Seide aus China, Gewürze und Keramik, Schmuck und Waffen, die in den islamischen Ländern hergestellt wurden.

Im 9. und 10. Jahrhundert unterwarfen die
Wikinger die ostslawischen Völker,
besetzten ihre wichtigsten Städte Nowgorod
und Kiew und gründeten ein einziges
großes Fürstentum namens Rus mit der
Hauptstadt Kiew.

Feudalherrn, von denen später
noch die Rede sein wird.

Kiew
Die Stadt
wurde
Haupt-
stadt eines
großen
Fürstentums,
das Oleg, ein
schwedischer
Wikinger, im
9. Jahrhundert
gründete.
Innerhalb von
kurzer Zeit stieg
Kiew zu einem der
bedeutendsten
Handels-, Kultur-
und Kunstzentren
in Europa auf.

Die Ungarn

Das dritte große Volk, das im 10. Jahrhundert in Europa einfiel, waren die Ungarn. Wie die Hunnen im 5. Jahrhundert waren auch sie ursprünglich ein Nomadenvolk aus Zentralasien. Sie hatten sich in den Steppen Pannoniens niedergelassen, einer Gegend, die sich später Ungarn nennen sollte. Auch die Einfälle der Ungarn geschahen eher zum Zweck der Plünderung und nicht zur dauerhaften Eroberung neuer Gebiete. 937 gelangten sie in die Umgebung von Paris und plünderten Burgund und das Rhonetal. Städte und Festungen konnten den Überfällen der ungarischen Reiter, die ihre Pferde mit Eisen beschlugen und Steigbügel verwendeten, normalerweise widerstehen. Denn diese führten nicht genug Waffen mit, um einen Angriff und eine Belagerung durchzuführen und zogen es vor, Dörfer und Klöster zu plündern und zu verwüsten. Die Sachsenkönige geboten den Ungarn nicht nur Einhalt, sondern trugen auch dazu bei, dass sie sesshaft wurden. Sie konnten die Ungarn zwar nicht zu Ackerbauern, aber zumindest zu sesshaften Viehzüchtern machen. Durch ihre Bekehrung zum Christentum fügten sich die Ungarn endgültig in die Nationen des christlichen Abendlands ein. Im Jahr 1000 erhielt ihr König Stephan vom Papst die ungarische Königskrone.

Die Slawen

Seit dem ersten Jahrtausend unserer Zeitrechnung spielen die slawischen Stämme in der Geschichte der europäischen Bevölkerung eine sehr wichtige Rolle. Diese Völker waren bei den Römern und den ihnen

nachfolgenden Zivilisationen wenig bekannt, was darauf schließen lässt, dass ihr Ursprungsgebiet sehr abgelegen war, wahrscheinlich irgendwo zwischen der Weichsel in Polen und dem Dnjepr in Südrussland. Aus dieser Gegend verdrängten asiatische Völker im Laufe des 6. Jahrhunderts die Westslawen – Polen, Tschechen und Slowaken – und brachten sie in Kontakt mit der germanischen Welt; die Ostslawen, Russen, Ukrainer und Weißrussen kamen dagegen in Kontakt mit Byzanz. Dasselbe geschah mit den Südslawen, Serben, Kroaten und Slowenen, zu denen sich noch die Bulgaren gesellten, ein Volk türkischen Ursprungs, das später slawisiert wurde. Ebenso wie dies schon viel früher bei den Germanen und später bei den Ungarn der Fall war, vollzog sich auch die Eingliederung der Slawen in die europäische Zivilisation durch die Bekehrung ihrer Anführer zum Christentum. Die Religion stellte ein wichtiges Element der Einigung, des Zusammenhalts und der Identität dar. Die Missionare, die sie verbreiteten, kamen aus dem Westen und aus Byzanz.

Ende des 9. Jahrhunderts begann sich in Osteuropa um das Handelszentrum Kiew herum der Kern dessen zu bilden, was in der Folge einmal Russland werden sollte: Ein Jahrhundert später erfolgte die Öffnung zum byzantinischen Christentum durch den Übertritt von Großfürst Wladimir, der sich mit Konstantinopel verbündet hatte. Der Kern des ersten polnischen Staates wurde dagegen von Missionaren der römischen Kirche bekehrt ebenso wie das Herzogtum Böhmen um das Jahr 1000. In der weiteren Entwicklung folgten Tschechen, Slowenen und Kroaten der römischen, Serben und

Der heidnische Gott

Soldaten des Großfürsten werfen die Statue des heidnischen Gottes Perun in den Dnjepr, den Fluss von Kiew. Eine symbolische Geste, welche die Abkehr von falschen Göttern symbolisieren soll.

DIE TAUFE VON GROSSFÜRST WLADIMIR

Um seinen Staat zu integrieren, strebte der heidnische Herrscher Kiews, Großfürst Wladimir (956 – 1015), nach einer Allianz mit Byzanz. Deshalb trat er zum Christentum über und seine Untertanen mussten es ihm gleichtun.

Gott und Kaiser
Die Ikonographie der Epoche nahm Bezug auf die Doppelfunktion des Kaisers, die gleichzeitig weltlich und geistlich war. Die Abbildung zeigt Heinrich II., den Heiligen (1002 – 1024), in einer Miniatur, in der ihn Christus zum Kaiser krönt.

KAISERHOCHZEIT
972 fand in der Peterskirche zu Rom die Vermählung Ottos II. mit der byzantinischen Prinzessin Theophano statt. Die Dynastie der Sachsen wollte damit ein Zeichen der Annäherung zwischen Ostrom und dem Heiligen Römischen Reich setzen.

Bulgaren im Gegenzug der byzantinischen Kirche.

Die Ottonen

Die Slawen setzten das Byzantinische Kaiserreich unter Druck, indem sie sich auf dessen Territorium auf dem Balkan niederließen; Wikinger, Ungarn und Sarazenen brachten die Strukturen des von Karl dem Großen begründeten Frankenreichs ins Wanken, das ohnehin bereits geschwächt war, weil man das Reich traditionsgemäß unter den Erben aufgeteilt hatte. So war das Reich nun in verschiedene Königreiche in Deutschland, Frankreich und Italien aufgegliedert. 936, ein halbes Jahrhundert nach Ende des Karolingerreichs, wurde Otto I. deutscher König. Durch seinen Sieg gegen die Ungarn auf dem Lechfeld im Jahre 955 brachte er es in der christlichen Welt zu hohem Ansehen und festigte seine Macht. Dies geschah zum Nachteil der Fürsten, die nach dem Ende des Karolingerreichs in ihren Gebieten eigene Gesetze

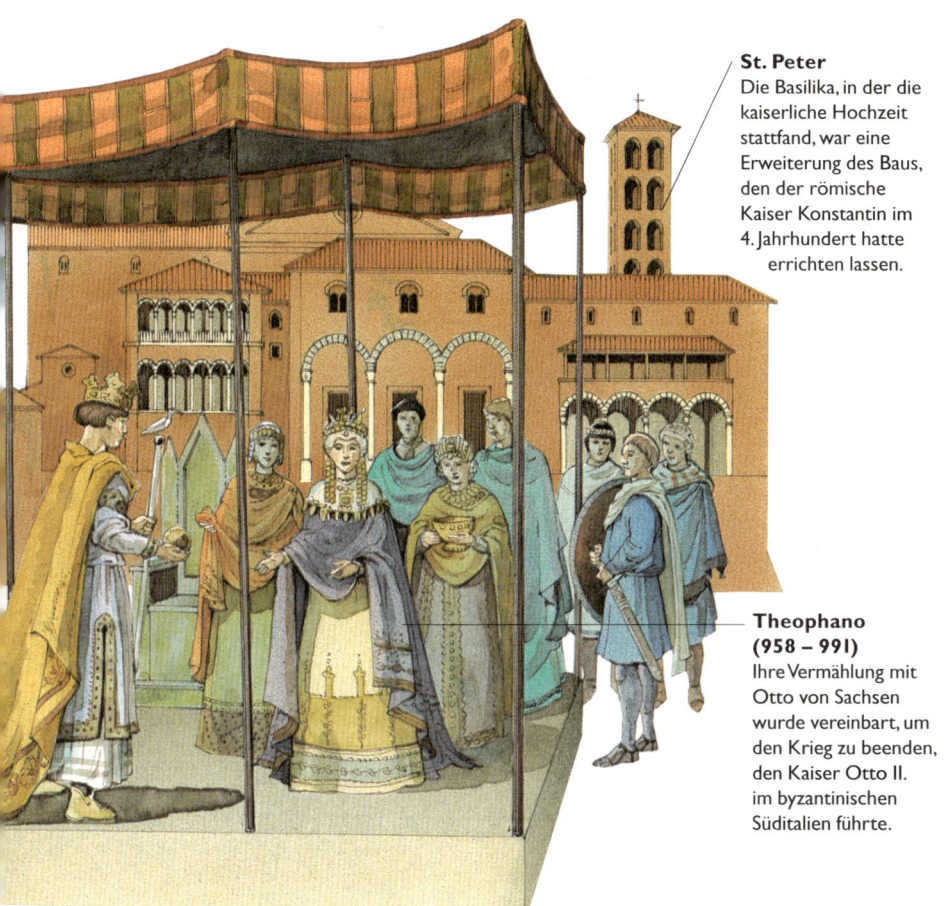

St. Peter
Die Basilika, in der die kaiserliche Hochzeit stattfand, war eine Erweiterung des Baus, den der römische Kaiser Konstantin im 4. Jahrhundert hatte errichten lassen.

Theophano (958 – 991)
Ihre Vermählung mit Otto von Sachsen wurde vereinbart, um den Krieg zu beenden, den Kaiser Otto II. im byzantinischen Süditalien führte.

erließen, wie dies in vielen unabhängigen Fürstentümern der Fall war. 962 wurde der Sachsenkönig Otto I. vom Papst in Rom zum Kaiser gekrönt. In seinem Regierungssystem setzte er die Bischöfe wie Beamte des Kaisers ein. Danach verkündete er das so genannte *Privilegium Othonis* (962). Es besagte, dass kein Papst geweiht werden dürfe, ohne zuerst vom Kaiser bestätigt worden zu sein. Diese Vermengung von weltlicher und kirchlicher Macht sollte, wie wir noch sehen werden, zu tiefen Gegensätzen zwischen Papst und Kaiser führen, den beiden höchsten Autoritäten der abendländischen politischen Welt im Mittelalter. Mit den Ottonen erhielt das Kaisertum eine deutsche Prägung und der Kaiser, der dem von Karl dem Großen eingeschlagenen Weg folgte, wurde als *persona sacra*, als »Gesalbter des Herrn«, bezeichnet. Die gesamte Gesellschaft – die sich, wie wir sehen werden, in drei große Stände teilte – wies eine immer stärkere christliche Prägung auf.

Bauern, Ritter und Mönche

Ab dem 10. Jahrhundert fand in Europa eine Organisationsform der Macht und Gesellschaft Verbreitung, die man später als Feudalsystem bezeichnen sollte. Seine Protagonisten waren jene, die Reichtum, das heißt Land, besaßen, jene, die es bearbeiteten, und jene, die beteten.

Die europäische Krise

Die letzten Invasionen hatten den europäischen Westen politisch aufgesplittert, entvölkert und verarmt; der Wald hatte sich das kultivierte Land wieder geholt und man gewann aus ihm die meisten Ressourcen. Das wenige Land, das bebaut wurde und das meist nur mit der Axt gerodet worden war, warf nur bescheidene landwirtschaftliche Erträge ab. Es kam auch zu einer Reihe von Neuerungen: Die schon bei den Römern bekannte Wassermühle ermöglichte eine bessere Nutzung der Energie des Wassers; durch ein neues Joch für die Pferde konnte die Kraft der Tiere besser genutzt werden; die Einführung eines neuartigen

WÄLDER
Die europäischen Wälder waren eine wichtige Nahrungsquelle für Mensch und Tier.

Moore und Sümpfe
Im Schutze der Wälder befanden sich häufig Moore und Sümpfe mit einer anderen Vegetation als in trockenen Gebieten.

Pflugs – je nach Gegend vom 7. bis 9. Jahrhundert –, der tiefer in die Erde eindrang, hatte zu besseren Ernteerträgen geführt; ein neuer Jahresrhythmus in der Bewirtschaftung der Felder lieferte nun auch genügend Nahrung für die Tiere, die für die Feldarbeit benötigt wurden. Dennoch war die landwirtschaftliche Produktivität, das heißt das Verhältnis zwischen dem, was gesät und geerntet wurde, weiterhin niedrig. Das Land wurde also für den reinen Eigenverbrauch bebaut und nur wenig oder gar nichts vom Ertrag konnte verkauft werden. Die Bevölkerung war von häufigen

Weiß- oder Hainbuche
Dieser Baum erreicht eine Höhe von bis zu 30 Metern und diente im Mittelalter als Brennholz.

Eiche
Die Eiche war eine der wenigen Baumarten, die im Mittelalter aufgeforstet wurden.

Wildschweine
Sie ernährten sich ausschließlich von Eicheln, wenn sie genügend davon fanden.

Unterholz
Reich an Pilzen und verschiedenen Wildfrüchten, stellte dieser Bereich eine weitere Nahrungsquelle dar.

LANDWIRTSCHAFTLICHE NEUERUNGEN

Eine Reihe von Neuerungen in der Energienutzung, den Anbautechniken und der Technologie der Maschinen und Geräte waren die Grundlage der Verbesserungen in der europäischen Landwirtschaft um das Jahr 1000.

Wassermühle
Die vom Wasser gelieferte Energie wurde seit dem 7. Jahrhundert immer systematischer genutzt.

Hungersnöten und schweren, oft tödlichen Krankheiten geschwächt. Im 10. Jahrhundert befand sich die europäische Bevölkerung wahrscheinlich auf dem niedrigsten Stand nach dem Ende des Weströmischen Reichs und umfasste um das Jahr 1000 vielleicht insgesamt 30 Millionen Menschen. In den entvölkerten Städten wurde kaum Handel getrieben oder Handwerk ausgeübt.

Die landwirtschaftliche Revolution

Ab dem 11. Jahrhundert und gleichzeitig mit dem Ende der Invasionen begann sich die Situation in Westeuropa zu ändern. Das spektakulärste Phänomen war der Bevölkerungszuwachs, der damit einherging, sowie eine Steigerung der Produktivität und ein absoluter Zuwachs in der gesamten Landwirtschaft. Die Grundlage der abendländischen Weiterentwicklung war ein Fortschritt im Anbau, den man als landwirtschaftliche Revolution bezeichnet und der neben einer stärkeren Verbreitung der bereits jahrhundertelang bekannten Techniken vor allem eine Vergrößerung der bebauten Flächen umfasste. Dies geschah auf drei grundlegende Arten: eine in-

tensive Urbarmachung durch die Bauern der alten Dörfer am Rande der Wälder, von denen die Felder umgeben waren; die Wanderung von Kolonisten, die Land benötigten, in unbewohnte Hochebenen und Gebirgsgegenden, wo sie dem Dickicht und Wald verstreute Gehöfte und kleine Felder abrangen; die geplante Entwicklung durch Landbesitzer, Adelige oder Klöster, die am Fuß ihrer Burg oder neben ihrem Kloster ein Dorf gründeten. Für diese Revolution

Fruchtwechsel
Der Fruchtwechsel beim Anbau auf den Feldern erfolgte in einem Turnus von zwei oder drei Jahren. Dies führte zur Reduzierung des Brachlands und zu einer Zunahme der verfügbaren Nahrung für die in der Landwirtschaft eingesetzten Tiere.

Vom Ochsen zum Pferd
Verschiedene Verbesserungen, etwa Hufeisen, steigerten die Leistungsfähigkeit des Pferdes, das den Ochsen als Zugtier ersetzte.

Pflug
Der zweischarige Pflug mit Rädern konnte die Erde in größerer Tiefe umwenden.

Brandrodung
Bei dieser häufig ange-
wandten Methode wurde
zwar Nutzholz zerstört,
aber die Felder waren
auch ohne den Einsatz
von tierischem Dünger
fruchtbar.

RODUNG
Die gerodeten Flächen
wurden zu Weideland oder man
baute darauf sofort
Getreide an.

Nutzholz
Das Nutzholz wurde zur
Errichtung von landwirt-
schaftlichen Gebäuden
und Häusern für die
Dorfbewohner verwen-
det; Gebüsch und weni-
ger wertvolles Holz dien-
ten als Brennholz.

Holzfällen

Da Brandrodung zwar den Boden furchtbar machte, aber auch die Holzvorräte zerstörte, war das Fällen mit Axt, Säge und Hippe seit dem 12. Jahrhundert die am weitesten verbreitete Methode.

 war das Kapital der herrschenden sozialen Schichten grundlegend: So wurden etwa umfangreiche Arbeiten zur Urbarmachung durchgeführt, wofür die Produktions- und Geldmittel der großen Landbesitzer notwendig waren.

Burgen und Burgherrn

Bevor wir uns den »Wohnungen« der reichen Landbesitzer zuwenden, muss noch etwas vorausgeschickt werden. Um den Invasionen der Sarazenen, Wikinger und Ungarn entgegenzutreten und ein Reich zu regieren, das im 9. Jahrhundert einen großen Teil Westeuropas umfasste, griffen die Karolinger auf ein Erbe aus der Welt der Franken zurück: die persönliche Verbindung des Königs zu seinem Gefolge. Gegen einen Treueschwur erhielt der Getreue ein Lehen, das heißt er erhielt Land, um sich die Mittel für seine Bewaffnung verschaffen zu können. Diese Verbindung, die auf dem Eid und dem dadurch erhaltenen Lehen beruhte und einen Vasallen mit seinem Herrn verband, wurde Vasallentum genannt und wandelte sich später von einem militärischen Rekrutierungsinstrument zu einer Regierungsform. Wer für den König eine Grafschaft oder ein Grenzgebiet, eine so genannte Mark, verwaltete, hatte für seinen Treueschwur das Lehen erhalten, das heißt er konnte beispielsweise über die in dieser Region eingenommenen Steuern verfügen. Zudem genoss er eine spezielle Immunität, sodass er selbst gewisse Abgaben nicht leisten musste. Die Vasallen des Königs, Grafen oder Markgrafen, wurden im Laufe der Zeit ihrerseits zu Herren über niedrigere Vasallen, die ihnen wiederum den Treueeid leisteten und dafür im

Gegenzug Lehen zur Bewirtschaftung erhielten.

Um das Jahr 1000 wohnte so ein kleinerer Vasall geschützt auf einer Burg, die von einer befestigten Mauer umgeben war. Zur Urbarmachung des Landes, das er als Lehen erhalten hatte, benötigte er Arbeitskräfte. Für die Bearbeitung des Bodens standen immer leistungsfähigere Geräte zur Verfügung. So konnten die ehemals über das Land verstreuten Bauern von ihm Schutz und Arbeit erhalten. Der Burgherr überließ den Bauern das Land und verlangte dafür einen Teil der Ernte. Zudem musste der Bauer neben dem Land, das er vom Burgherrn zur Nutzung erhalten hatte, auch noch das Land bearbeiten, das der Burgherr selbst zu seiner eigenen Nutzung besaß. Bis zu dieser Zeit war die Burg ein ziemlich geschlossenes Wirtschaftszentrum mit geringem Kontakt nach außen. Auch befand sich noch sehr wenig Geld im Umlauf und der Handel beschränkte sich hauptsächlich auf den Tausch von Gütern – Land oder Ernteerträge – oder Dienstleistungen – die Arbeitsschichten auf den Feldern des Burgherrn. Wenn der Burgherr, also der Vasall, der Land als Lehen erhalten hatte, erreichte, dass dieses erblich wurde, kam es zu einer bedeutenden Änderung.

DIE BURG

Vom 9. bis 14. Jahrhundert veränderte die Burg ihre Struktur und war nicht nur ein wichtiger militärischer Stützpunkt, sondern auch Residenz des Burgherrn sowie politisches und Verwaltungszentrum. Eine Burg wie das Schloss Tirol erfuhr in wenigen Jahrhunderten wesentliche Veränderungen.

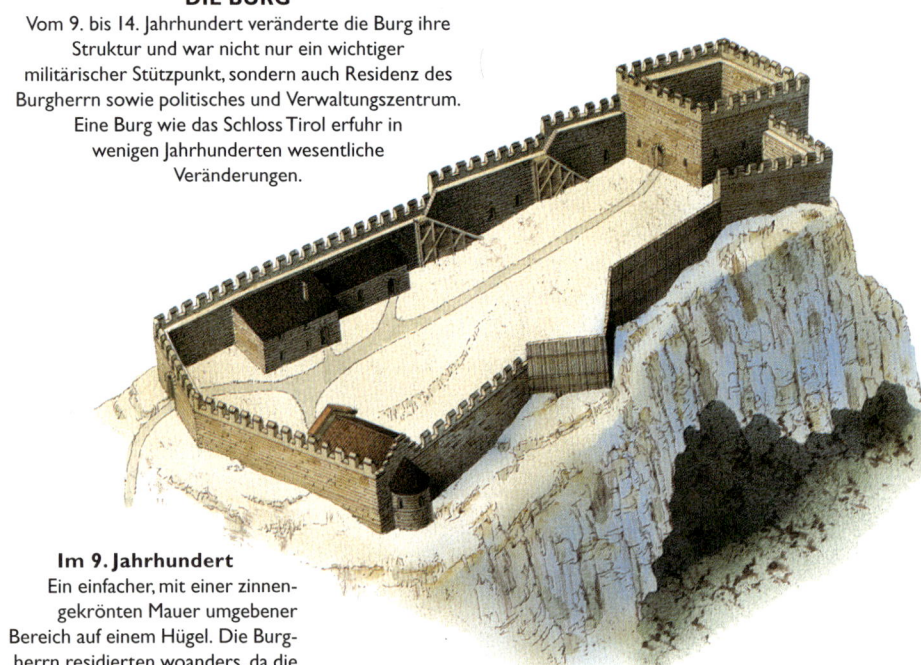

Im 9. Jahrhundert

Ein einfacher, mit einer zinnengekrönten Mauer umgebener Bereich auf einem Hügel. Die Burgherrn residierten woanders, da die Burg nur militärische Garnison war.

Im 13. Jahrhundert
Eine höhere und massivere
Mauer wird gebaut und
ein Wohntrakt für den
Burgherrn und seine Familie
angefügt, die eine Fehde
mit dem Adel der Gegend
angefangen haben.

Im 14. Jahrhundert
Die Architektur der
Burg ist noch komplexer
geworden: Eine Reihe
von Räumen, die der
Burgherr als Hauptquar-
tier für seine Aktivitäten
nutzte, wurden angefügt.

DER SITZ DER MACHT

In der letzten Entwicklungsphase ist die Burg zum Sitz der politischen und gesellschaftlichen Aktivitäten des Burgherrn geworden, der hier Abgesandte empfing, Recht sprach und große Empfänge gab.

Die Burgkapelle

Sie befand sich im Wohntrakt und war ein wichtiger Bestandteil der Burg. Der Klerus war zu jener Zeit die einzige gebildete Gesellschaftsschicht und musste deshalb auch Verwaltungsaufgaben übernehmen.

Das Land ging vom einfachen Besitz in sein Eigentum über. Was zunächst nur ein Lehen war, wurde zum absoluten Herrschaftsgebiet des Herrn, der dort Recht sprach und bestrafte und so die politische Macht ausübte, welche die staatliche Autorität, König oder Kaiser, nicht garantieren konnte. Die Burg, grundlegendes Element des Feudalwesens im 10. Jahrhundert, wurde zum Zentrum einer Herrschaftsschicht, die sich nach und nach aller Gewalten bemächtigte: Wirtschaft, Rechtsprechung und Politik.

Eine Dreiklassen-Gesellschaft

Die mittelalterliche Gesellschaft war in drei Stände eingeteilt: die Landbesitzer, die sich auf Grund ihres Reichtums Pferd und Rüs-

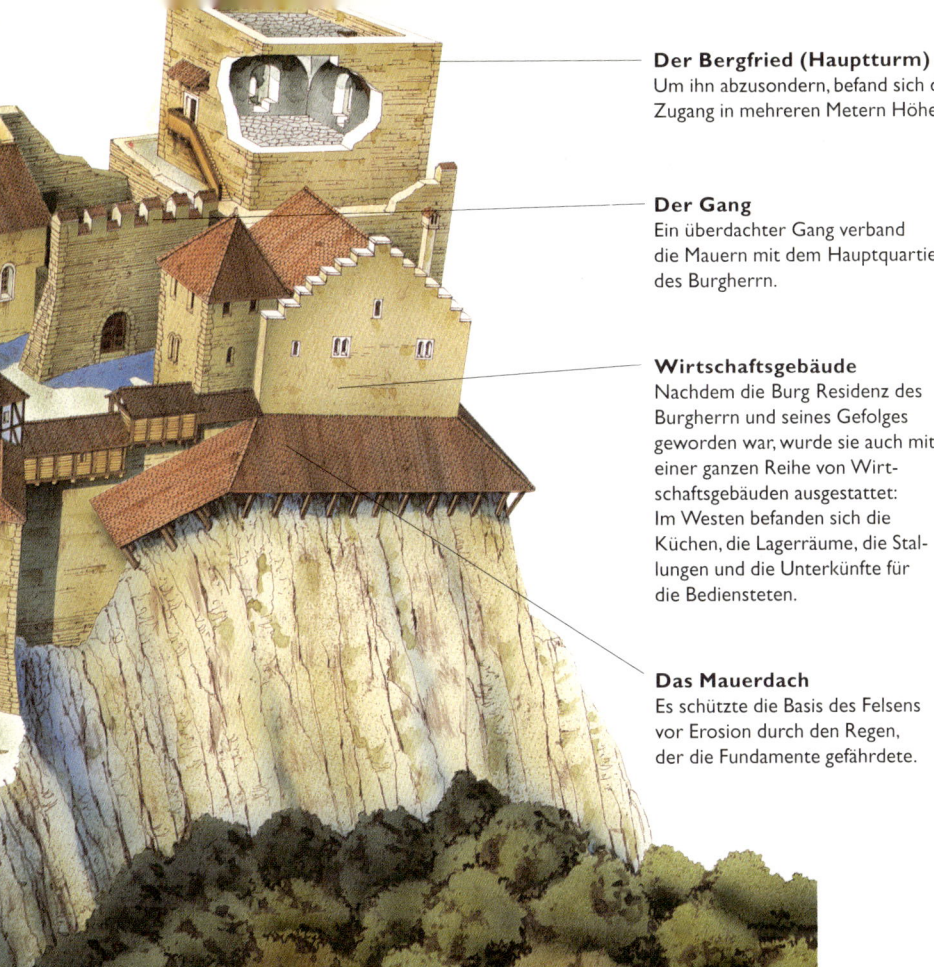

Der Bergfried (Hauptturm)
Um ihn abzusondern, befand sich der Zugang in mehreren Metern Höhe.

Der Gang
Ein überdachter Gang verband die Mauern mit dem Hauptquartier des Burgherrn.

Wirtschaftsgebäude
Nachdem die Burg Residenz des Burgherrn und seines Gefolges geworden war, wurde sie auch mit einer ganzen Reihe von Wirtschaftsgebäuden ausgestattet: Im Westen befanden sich die Küchen, die Lagerräume, die Stallungen und die Unterkünfte für die Bediensteten.

Das Mauerdach
Es schützte die Basis des Felsens vor Erosion durch den Regen, der die Fundamente gefährdete.

tung zum Kampf leisten konnten, die *bellatores*, die Ritter; dann die freien oder unfreien Bauern, die das Land bearbeiteten, die *laboratores*, und schließlich der Klerus, jene die beteten, die *oratores*.

Der Adel
Die privilegierte Stellung der Adeligen ging ursprünglich auf das Land zurück, das sie einst vom König als Lehen erhalten hatten. Am Ende der karolingischen Epoche bedienten sie sich dessen, leisteten für den König Kriegsdienste und wurden dann zu seinen Beratern. Ab dem 9. Jahrhundert, das heißt seitdem der Fußsoldat in der Schlacht an Bedeutung verloren hatte, kämpften der adelige Krieger und seine Vasallen zu Pferde. Seit dem 10. Jahrhundert

Die Burgherrin
Aufgabe der Burg-
herrin war es, die
Gäste zu unterhal-
ten, die Küche zu
beaufsichtigen und
dafür zu sorgen,
dass die Speisen
gut gerieten.

Speisen
Neben Wildbret,
Hühnern, Eiern
und Wildgeflügel
aller Art wurden
vor allem Rind- und
Hammelfleisch
aufgetragen.

genossen die militärischen Werte immer größeres Ansehen
und Feudalherren und Ritter
führten ein ähnliches Leben: die Figur des
Ritters wurde zunehmend mit der des Adligen identifiziert.

Das erbliche Lehen hatte die Feudalherren
im Lauf der Zeit nun zu einer geschlossenen sozialen Gruppe werden lassen: Man
wurde nicht mehr durch seine Verdienste

oder die Ämter, die man innehatte, adlig,
sondern man war es von Geburt an. Zur
Verstärkung der Macht über ein Gebiet, zur
Konzentration dieser Macht und zur Siche-
rung der Übertragung vom Vater auf den
Sohn übernahm der Adel eine Familien-
struktur, die auf der Abstammung begründet war, und zwar nach der männlichen Linie der Erstgeborenen eines bestimmten
Vorfahren. Die nachgeborenen Söhne wur-

EIN FESTMAHL AUF DER BURG

Zum bevorzugten Zeitvertreib mittelalterlicher
Burgherrn und ihres Gefolges gehörte
das Gastmahl. Im festlich geschmückten und
erleuchteten Rittersaal bewirtete man
die Gäste mit Wildbret, ließ sich von Musikanten
aufspielen und unterhielt sich.

**Die Kleidung
des Burgherrn**
Auch auf einer klei-
nen, unwirtlichen
Burg war der Burg-
herr bei wichtigen
Anlässen kostbar
gekleidet.

Musikanten
Musikanten und Spiel-
leute unterhielten die
Gäste während des
Festmahls. Spielleute
und Hofnarren durften
sich häufig über ernste
Dinge lustig machen,
was der Herr sonst
keinem anderen ge-
stattet hätte.

Die Tempelritter (Templer)
Dieser Ritterorden wurde um 1119 zur Verteidigung der von den Kreuzrittern eroberten Gebiete
im Heiligen Land gegründet. Die Abbildung oben
zeigt einen Tempelritter auf einem Glasfenster aus
dem 13. Jahrhundert.

den nach einer bestimmten Zeremonie in
den Ritterstand erhoben, der so genannten
Schwertleite, bei der sie Schwert und Gürtel
erhielten. Im 11. und 12. Jahrhundert war
dies nur Söhnen von Rittern vorbehalten.
So wurde der Adel im hohen Mittelalter zu
einer geschlossenen sozialen Klasse, mit
den höheren Vertretern, den Burgherren,
wie mit den niedrigeren Schichten der einfachen Ritter, die bei ihnen Dienst taten

und bisweilen große Mühe hatten, ihren
Lebensunterhalt zu verdienen. Die Ritterschaft identifizierte sich im Laufe der Zeit
mit einem bestimmten Verhaltensmodell,
fast schon einer eigenen Ideologie, dem rit-
terlichen Ideal. Die Tatsache, dass er mit einem Herrn in Verbindung stand, von dem
der Ritter als Gegenleistung für seine Loyalität ein Lehen erhielt, verhinderte die Existenz vagabundierender Ritter, die außerhalb

eines sozialen Gefüges agierten. Der Ritter war der zentrale Held der epischen Dichtungen des Mittelalters – des karolingischen, bretonischen, kastilischen und germanischen Zyklus –, die nach dem Jahr 1000 ihre Blütezeit erlebten und die Tugenden der Feudalgesellschaft priesen: Glaube, Ehre, Mut, Treue und Gerechtigkeit. Der Ritter sollte nicht gegen andere Ritter kämpfen, sondern als Beschützer der Schwachen, der Kirche und schon bald der gesamten Christenheit wirken. Tatsächlich übernahm der Ritter mit der verstärkten Christianisierung der Gesellschaft fast schon eine heilige Aufgabe, er wurde zum Streiter Christi. Wie wir bald sehen werden, waren Ritter die Protagonisten der Kreuzzüge im Kampf gegen die Mohammedaner zur Rückeroberung des Heiligen Landes.

DAS TURNIER
In der ältesten Epoche, im 12. und 13. Jahrhundert, war das Turnier eine wilde Schlacht, bei der die Ritter in Gruppen von Dutzenden, bisweilen sogar Hunderten gegeneinander antraten und das manchmal auf dem Gebiet eines ganzen Dorfes ausgetragen wurde. Erst später wurde das Turnier zum Kräftemessen zwischen jeweils zwei Rittern auf einem abgeschlossenen Turnierplatz. Ziel des Turniers war es immer, in einem fingierten Kampf den eigenen Mut unter Beweis zu stellen.

Knappen
Der Ritter wurde von einem Knappen begleitet, der seine Waffen trug. Als Unterkunft wurden Zelte aufgeschlagen.

Der Ritter
Bei der Schwertleite, wenn der Knappe feierlich Schwert und Gürtel erhielt und zum Ritter wurde, ging er eine Reihe von Verpflichtungen ein, etwa zur Verteidigung der Kirche unter Einsatz des eigenen Lebens oder zum loyalen Kampf gegen das Böse.

Die Bauern

Vor dem 9. Jahrhundert und vor Beginn der Epoche der großen Urbarmachungen, bebaute der Bauer ein Stück eigenes Land ausschließlich zu seinem persönlichen Unterhalt oder stand in den Diensten eines Herrn, der ihm Land überlassen hatte. Die wirtschaftlichen Bedingungen waren deshalb unterschiedlich und man unterschied zwischen Bauern, die über Zugtiere verfügten, und solchen, welche die Erde von Hand mit der Hacke bearbeiteten. Die Bauern mussten einen beträchtlichen Teil der Ernte an den Herrn abliefern und für ihn verschiedene Dienstleistungen erbringen.

Zur Zeit der landwirtschaftlichen Revolution mit den großen Urbarmachungen und der Steigerung der landwirtschaftlichen Produktion verbesserten sich die Lebensbedingungen der Bauern wesentlich. Die

Der Kran

Um auf sein Pferd zu gelangen, benötigte der Ritter des 14. Jahrhunderts eine Hebevorrichtung, die Knappen oder Familienangehörige bedienten. Durch das Gewicht der Rüstung wurden die Ritter des Spätmittelalters immer schwerfälliger und unbeweglicher.

Dienstleistungen, die der Bauer für den Herrn erbringen musste, hatten sich verringert und wurden allgemein durch eine Abgabe in Form einer Geldsumme ersetzt, da inzwischen bereits Geld im Umlauf war. Dennoch hatten die Pflichten zugenommen, deren Erfüllung der Herr forderte als Herr über ein Territorium, in dem er die Befehlsgewalt hatte und Zwang ausüben konnte. Er übte nicht nur die Gerichtsbarkeit aus, sondern verlangte von den Bauern auch, nur seine Mühlen, Ölmühlen und Öfen zu benutzen sowie eine ganze Reihe anderer Verpflichtungen einzugehen, welche die von den königlichen Beamten der Karolingerzeit festgelegten ablösten.

Natürlich konnte man gegen eine so nahe und deshalb stärkere Macht, wie sie der Feudalherr verkörperte, auch wirksamen Widerstand leisten. Der Herr machte zwar seine Rechte geltend, brauchte aber im Gegenzug Leute zur Bearbeitung seiner Felder, weshalb er den Bauern auch Zugeständnisse machen musste. So wurden in Schutzbriefen die neuen Lebensumstände der Bauern schriftlich festgehalten, etwa das Recht, das ihnen überlassene Land zu verkaufen, was für die Bauern einen entscheidenden Schritt auf dem Weg zum eigenen Land bedeutete, oder auch das Recht, das Getreide selbst mahlen zu dürfen, ohne die Mühle des Herrn benutzen zu müssen, der auf diese Weise den Ertrag kontrollieren und der Gemeinschaft weitere Steuern auferlegen konnte.

Neue Dörfer

Vom Herrn, der Arbeitskräfte benötigte, gerufen, ließ sich der Bauer in der Umgebung der Burg nieder. Dort fühlte er sich

DAS HAUS

Für den Bauern im Mittelalter war das Haus nur ein Ort, um Schutz zu suchen; der größte Teil seiner Aktivitäten spielte sich im Freien ab.

Die Tiere

Menschen und Tiere lebten häufig unter einem Dach, wobei die Tiere näher am Eingang untergebracht waren.

Das Dach
Die Holzstruktur
wurde mit Stroh und
geflochtenem Busch-
werk abgedeckt;
in wohlhabenderen
Gegenden gab es auch
schiefergedeckte
Dächer.

Die Speisen
Auf dem Tisch des
Bauern fand man
verschiedene Fische
und Getreide, das in
Form von Brot und Fladen
verzehrt wurde; Fleisch war
selten und stammte entweder vom
Geflügel oder vom Rind.

sicher, der Herr bot Schutz, seine Rolle als Garant für Gerechtigkeit und Ordnung war der perfekte Ersatz für eine meist weit entfernte und abwesende königliche Autorität.

Ein mittelalterliches Dorf entstand aus kleinen Ansammlungen von Häusern in der unmittelbaren Umgebung der Burg oder einem anderen größeren Anwesen. Im Umkreis eines jeden Dorfes befand sich eine Anbaufläche von 300 bis 1000 Hektar, auf der teilweise der Eigenbedarf der Bewohner und teilweise ein Überschuss produziert wurde, der, unmittelbar nachdem er dem Grundherrn als Tribut geleistet worden war, auf städtischen Märkten zum Verkauf kam.

Zu jener Zeit wurden zahllose Dörfer gegründet, deren Name auf die Art ihrer Gründung oder den speziellen rechtlichen Status, den sie innehatten, hinwies. Zum Beispiel Neustadt (ital. *Villanova*, span. *Villanueva* oder frz. *Villeneuve*) oder Freistadt (ital./span. *Villafranca*). Letztere hatten offensichtlich das verbriefte Recht auf Selbstverwaltung erhalten. Die Gründung neuer Dörfer nach einem regelmäßigen Plan erfolgte gleichzeitig mit der Entwicklung alter Städte und der Gründung neuer, ein Phänomen, von dem später noch eingehender die Rede sein wird.

Die Geistlichkeit

Der dritte wichtige Stand im Feudalsystem waren die *oratores*, »jene, die beteten«. Er wurde eingeteilt in den Klerus, also die Seelsorger, die dem Bischof unterstanden, sowie in das Mönchstum. Auch innerhalb der großen Gruppe der *oratores* gab es bedeutende soziale Unterschiede. Der Pfarrer vom Lande war von bescheidener Herkunft,

Die Häuser
Sie hatten nicht mehr als zwei oder drei Fenster und meist nur ein Geschoss.

DAS DORF
Es lag meist am Rande eines Klosters oder einer befestigten Burg. Aus militärischen Gründen wurden jedoch auch an Grenzen Dörfer gegründet.

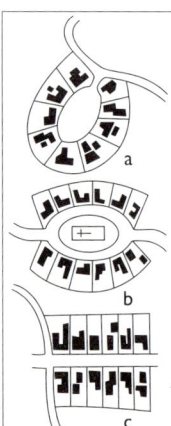

Die Struktur der Dörfer
Auch wenn es regionale Unterschiede gab, so wurden die Häuser in den neuen Dörfern meist nach einem regelmäßigen Schema angeordnet: um die Kirche (a und b) oder auch entlang eines Weges oder einer Straße, die man im Wald trassiert hatte (b und c). Im Umkreis des Dorfes erstreckten sich das gemeinschaftliche Brachland und der Wald.

Wege und Straßen
Aus Platzgründen und zur besseren Verteidigung waren Straßen und Wege innerhalb des Dorfes schmal.

Die Kirche
Die Kirche im Zentrum des Dorfes überragte alle anderen Gebäude. Sie war meist das einzige Gebäude im Dorf, das aus Stein errichtet worden war.

während das Mitglied eines Domkapitels – reich an Lehen – meist aus einer mächtigen feudalen Familie stammte. Vor allem seit dem 12. Jahrhundert unterschied man in den Klöstern Mönche, die sich dem Gebet widmeten und aus adligen Familien stammten, und Laienbrüder, die spezielle Arbeiten verrichteten und aus Bauernfamilien stammten.

Die Klöster, die wir bereits im ersten Kapitel als Element kennengelernt haben, das seit dem 6. Jahrhundert, in einer Zeit der Auflösung aller politischen Institutionen, eine starke territoriale Präsenz darstellte, waren aktiv am Feudalsystem beteiligt. In manchen, etwa in Corbie in Frankreich – im Scriptorium des Klosters entstanden einige der bekanntesten mit Miniaturen verzierten Manuskripte der karolingischen Zeit –, waren 150 spezielle Bedienstete nur damit beschäftigt, die Mönchsgemeinschaft zu versorgen. Auch die Geistlichen in den Abteien versuchten, innerhalb ihrer Mauern und in den Ländereien der Umgebung all das selbst zu produzieren, was sie benötigten. Nicht nur Ordensklerus und Mönche, welche die von einem Ordensgründer festgelegten Regeln befolgten – zu jener Zeit richtete man sich nach jenen des hl. Benedikt –, sondern auch die außerhalb des Klosters lebenden Seelsorger waren Teil dieser vom Grundbesitz beherrschten Gesellschaft. Über Schenkungen wurde die Kirche zu einem der größten Grundbesitzer des Abendlands. Diese Schenkungen stammten häufig von feudalen Familien, die versuchten, die Kirchen dadurch zu ihren Privatkirchen zu machen. Sie ernannten einen ihrer Untertanen zum Priester oder sammelten die Spenden ein. Diese Vermengung der Laienwelt des

DIE KLOSTERKIRCHE VON CLUNY
Die erste Erweiterung des 910 im Burgund begonnenen Baus erfolgte 955 – 991, die zweite 1088. 1809 – 1823 wurde die Kirche fast völlig zerstört.

Schola cantorum
Eine Gruppe von professionellen Sängern (*schola cantorum*) war mit dem Vortrag liturgischer Gesänge, dem gregorianischen Gesang, betraut.

Die Cluniazenser

Ein klösterliches Lebensmodell, das sich an der Regel des hl. Benedikt orientierte und zu seinen grundlegenden Werten zurückkehren wollte. Um 1100 gab es 1450 Reformklöster mit 10 000 Mönchen: 815 in Frankreich, 109 in Deutschland, 52 in Italien, 43 in Großbritannien und 23 in Spanien. Rechts das Kloster Cluny um das Jahr 1000.

Scriptorium

So nannte man in einem Kloster den Raum im Anschluss an die Bibliothek, in dem die Kopisten geduldig ihrer Arbeit nachgingen.

INTELLEKTUELLE UND MANUELLE ARBEIT

Die Reform des Klosterlebens und der Organisation der Klöster trug vom 10. bis 12. Jahrhundert zur geistigen Erneuerung des Benediktinerordens bei. In Cluny waren viele Stunden des Tages dem Gebet und der intellektuellen Arbeit gewidmet, während man manuelle Tätigkeiten von Bediensteten ausführen ließ.

Macht und Opulenz

Nach dem Petersdom in Rom war Cluny das größte religiöse Bauwerk des christlichen Abendlands und der Abt von Cluny nach dem Papst die zweitwichtigste Persönlichkeit des Christentums. Die Lagerräume des Klosters waren gut gefüllt.

 Feudalherrn und der Welt der Kirche, die die Spannungen zwischen Papst und Kaiser fortsetzte, drohte zu einem Verlust der Freiheit und der inneren Disziplin der Kirche zu führen.

Cluniazenser und Zisterzienser

Die weltlichen Kirchen und die Mönchsgemeinschaften wirkten demzufolge als mächtige Grundbesitzer an der wirtschaftlichen und politischen Organisation des Territoriums mit und entwickelten verschiedene kulturelle und geistige Orientierungen. Das 910 vom Herzog von Aquitanien gegründete Kloster von Cluny in Burgund versuchte die alten benediktinischen Regeln zu erneuern, insbesondere was das zurückgezogene Leben und die Abkehr von irdischen Belangen betraf. Von seinen Ursprüngen an besaß Cluny das Privileg der Freistellung vom Machtbereich des Bischofs des benachbarten Macôn: Dadurch befreite es sich aus dem Einflussbereich der Adelsfamilien und schützte sich vor wirtschaftlichem Verfall. In ganz Europa erwarb das Kloster Land, Gerichtsbarkeit und Privilegien, sodass es eine stabile Organisation abhängiger Abteien aufbauen konnte: Ende des 12. Jahrhunderts waren 1200 solcher Klöster in einer Solidaritätsgemeinschaft miteinander verbunden. Die Klöster, die von den benediktinischen Regeln von Cluny (*ordo Cluniacensis*) beeinflusst waren, unterstanden direkt dem Papst, der ihnen nötigenfalls Unterstützung gewährte, um die große Kirchenreform einzuleiten.

Einer anderen Auslegung der Regeln des hl. Benedikt folgten dagegen die Mönche des Klosters von Citeaux (lat. Cistercium), unter denen sich auch der hl. Bernhard von Clairvaux (1090–1153) befand. Sie wollten zur

Die Zisterzienser
Dieser Orden unterschied sich durch eine starke Hinwendung zur Armut. Seine Klostergebäude und ihre Ausschmückung zeichneten sich durch größte Schlichtheit aus. Das Foto zeigt die im 12. Jahrhundert gegründete Zisterzienserabtei von Sénanque in der Provence.

völligen Armut und der eigenen Hände Arbeit zurückkehren, was man in Cluny völlig vernachlässigt hatte. Dies sollte durch Verzicht auf einen Feudalherrn und auf die für die großen klösterlichen und kirchlichen Besitzungen typische Ausbeutung von Leibeigenen geschehen. Den Cluniazensern schenkte man Grundbesitz, der bereits urbar war oder von Leibeigenen noch urbar gemacht werden sollte, während man den Zisterziensern morastigen Grund schenkte, den sie selbst urbar machten.

Pilgerfahrten

Cluniazenser und Zisterzienser waren nur die beiden auffälligsten Beispiele für eine große geistige Reformbewegung und folglich auch einen Wandel des Lebensstils, von denen die Kirche im 11. Jahrhundert erfasst wurde. Man bemerkte in der christlichen Gesellschaft die Sehnsucht nach einer von den Interessen der großen Feudalherrn befreiten Kirche, die sich mehr auf das Geistliche und auf das Evangelium konzentrieren sollte. Gemeinsam mit dieser Tendenz verkörperte die Figur des Pilgers die Freiheit einer Person, die sich ohne Beschränkungen bewegen konnte.

Die Pilgerfahrt war eine Äußerung von Religiosität, die über alle Zeiten und viele Kulturen verbreitet war. In der christlichen Welt steht sie mit der Idee in Verbindung, nach der das Leben als eine Reise der Läuterung – als Weg zu einem Ziel, nämlich dem ewigen Leben – gesehen wird. Rom und Jerusalem waren seit den ersten Jahrhunderten der christlichen Zeit die wichtigsten Pilgerstätten. Durch die Entdeckung des Grabs des Apostels Jakob in Santiago de Compostela im nordwestlichen Spanien

Die Basilika
Die über dem Grab des hl. Jakob errichtete und 899 geweihte Kirche wurde in romanischer Zeit umgebaut.

SANTIAGO DE COMPOSTELA

Nach Rom war Compostela das wichtigste Pilgerziel des mittelalterlichen Abendlandes. Nach der Legende hatte man die sterblichen Reste des Apostels, der im Jahr 44 in Jerusalem enthauptet worden war, nach Galicien gebracht. Das Grab des Heiligen wurde in der ersten Hälfte des 9. Jahrhunderts entdeckt und an dem blendenden Licht, von dem es umgeben war, als solches erkannt (daher Compostela, vom lateinischen *campus stellae* = Feld der Sterne).

Straßen und Wege

Der größte Teil der mittelalterlichen Straßen stammte noch aus römischer Zeit. Auch die üblichen Reiserouten folgten dem römischen Verlauf. Kaufleute und Pilger erschlossen jedoch auch neue Routen. Die Abbildung zeigt ein Stück der Via Cassia.

Der Pilger

Seine Ausstattung besteht aus einem breitkrempigen Hut, der ihn auch vor der Sonne schützt, einem Wanderstab, der das Gehen erleichtert, und einem Reisebeutel an einem Schulterriemen. Auf Hut und Umhang ist eine Muschel aufgenäht, das Symbol für die Pilger auf dem Jakobsweg nach Santiago de Compostela.

Im Mittelalter konnten nur Wenige lesen oder schreiben. Die Inhalte der Religion wurden deshalb vor allem durch Bilder übermittelt. Die Dekorationen an den Kirchenportalen hinterließen bei den Pilgern einen tiefen Eindruck.

Das Portal von St. Lazare
Meister Gislebertus schuf zwischen 1120 und 1135 das Giebelfeld (Tympanon) des Portals der Kathedrale von Autun, Frankreich: Christus, der Weltenrichter, befindet sich im Zentrum zwischen den Auserwählten und den Verdammten.

erhielten Pilgerfahrten Anfang des 11. Jahrhunderts einen enormen Impuls. Aus allen Teilen Europas strömten die Pilger herbei, Reiche und Arme, die sich, nachdem sie ihr Testament geschrieben und in einem vorgeschriebenen Ritual die Pilgerkleidung angelegt hatten, auf den Weg machten. Die obligatorischen Stationen auf allen Pilgerwegen waren Kirchen, Basiliken und Kapellen, die tatsächliche oder angebliche Überreste von Heiligen oder Märtyrern bargen. Der Wunsch nach Spiritualität war stark, es handelte sich jedoch um eine Spiritualität, die man anfassen musste. Der Reliquienkult trieb unzählige Gläubige in die Wallfahrtsorte, die ihrerseits allmählich zu Einrichtungen für die Verbreitung geistiger Doktrinen

Die Verdammten
Die Seelen der Verdammten werden von riesigen, zangenförmigen Händen in die Hölle hinabgerissen.

Die Auserwählten
Engelhafte Wesen sorgen dafür, dass die Seelen der Gerechten in den Himmel gelangen.

Die Themen der Skulpturen
Über dem Portal an der Fassade schufen die romanischen Bildhauer Darstellungen, die den Gläubigen wie eine Predigt ansprechen und ihm die Grundlagen der biblischen Geschichte und christlichen Lehre nahebringen sollten.

und Riten wurden; vor allem schuf er ein Netz von Zentren, das die Kontakte zwischen überaus unterschiedlichen Kulturen, Sprachen, Lebenstilen und Ideen begünstigte. Europa begann in der Folge durch die Pilgerströme und den dadurch begünstigten kulturellen Austausch eine eigene Identität zu bekommen – und zwar eine vom Christentum bestimmte.

Die Renaissance der Skulptur

Im 11. und 12. Jahrhundert reifte eine europäische Kunstform: der romanische Stil, der in Großbritannien als normannischer Stil bezeichnet wird. Der Begriff »Romanik« unterstreicht den Bezug zur lateinischen Tradition, der Name Roms ist jedoch eher ein Synonym für Kultur, ein Verweis auf die Tradition der Kirche, als ein Rückblick

Ein Städtchen

Die imposante Größe der Kathedrale wird durch ihre Lage unterstrichen: Die Häuser in ihrem Umkreis sind niedrig und unregelmäßig angeordnet. Anstelle der Stadtmauern wird das Städtchen von einem Fluss umgeben.

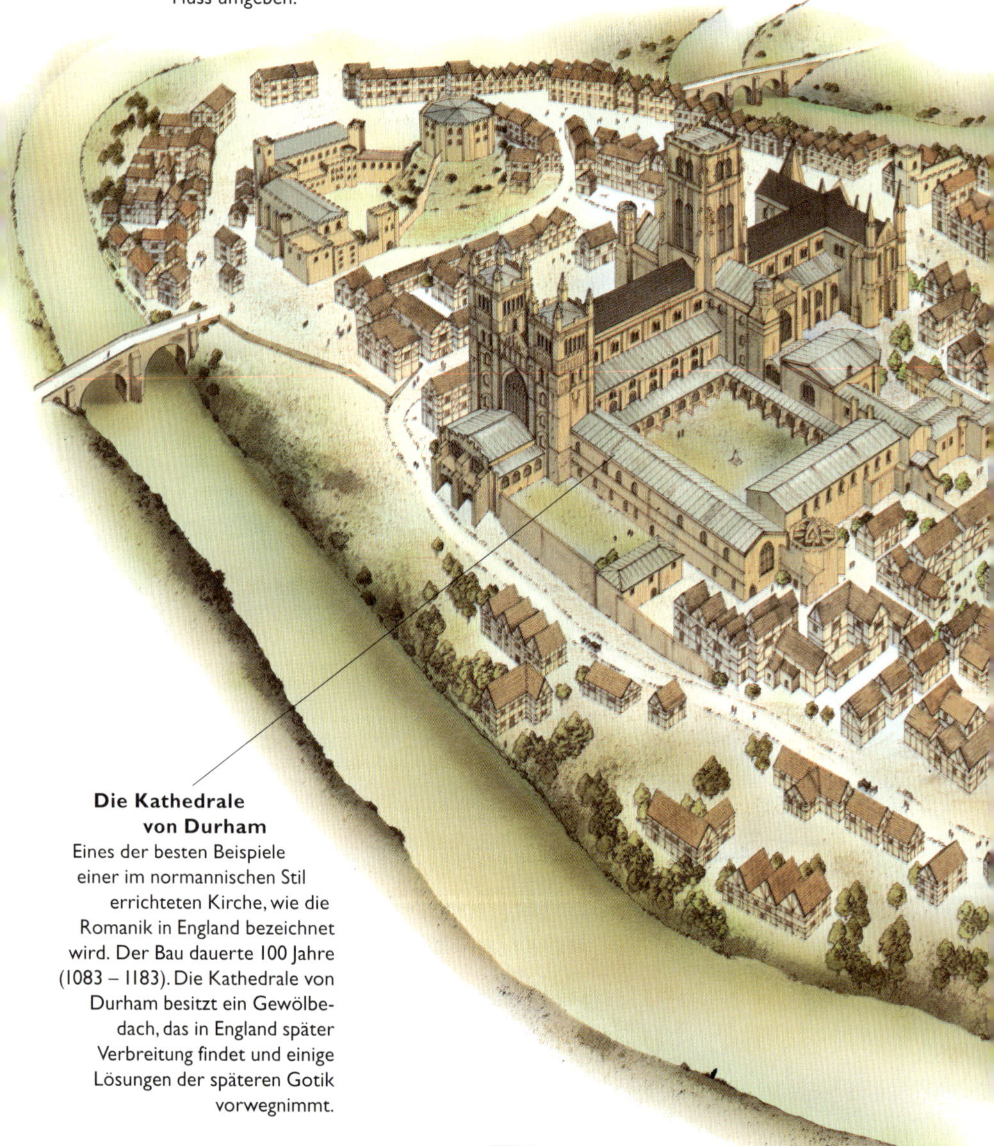

Die Kathedrale von Durham

Eines der besten Beispiele einer im normannischen Stil errichteten Kirche, wie die Romanik in England bezeichnet wird. Der Bau dauerte 100 Jahre (1083 – 1183). Die Kathedrale von Durham besitzt ein Gewölbedach, das in England später Verbreitung findet und einige Lösungen der späteren Gotik vorwegnimmt.

ROMANISCHE KIRCHEN

Im Mittelalter gehörten die Techniken
zum Bearbeiten des Steins, die Systeme des Zimmer-
werks und die Regeln der Statik zum
Erfahrungsschatz der Baumeister in ganz Europa.
Die romanischen Kirchen ruhten auf starken
Pfeilern, die so genannte Rundbögen und das häufig
gewölbeförmige Dach stützten.

in die Vergangenheit. Die Romanik ist tatsächlich eine grundlegend religiöse Kunst. In einem Europa, das einem neuen Wohlstand und Frieden entgegenstrebte, verlagerte sich der Schwerpunkt des Interesses – wie im nächsten Kapitel zu sehen sein wird – von den Burgen in die Städte. Die Stadt passte sich an diesen neuen, konkreteren Geist an. Überall in Europa entstanden neue Kirchen und Basiliken, es wurden aber auch die alten Kloster- und Dorfkirchen restauriert. Prachtvoll oder bescheiden, im Zentrum der Stadt oder in einem kleinen Dorf gelegen, waren die romanischen Kirchen wie offene, aus Stein gefertigte Bücher. Der größte Teil der Bevölkerung konnte weder lesen noch schreiben, aber die Skulpturen, mit denen die Fassaden geschmückt waren, erzählten in phantasievollen Bildern nicht nur Wahrheiten der Religion, sondern auch die Erkenntnisse und Glaubensbekenntnisse der Epoche.

In der Vergangenheit hatten Könige, Klöster oder Bischöfe Kirche bauen lassen; nun taten dies die Bewohner eines Dorfes oder einer Stadt selbst. So wurden die romanischen Kirchen zum Symbol für ein neues Verhältnis zur Religion – ein Verhältnis, das von den Städten bestimmt wurde.

Baumeister und Steinmetze arbeiteten in ganz Europa an der Errichtung dieser Monumente in einer Welt, die wieder Vertrauen schöpfte. Die Sehnsucht nach Erneuerung erfasste die gesamte Gesellschaft. Es war kein Zufall, dass zur selben Zeit in ganz Europa die Volkssprache, also die Sprache, die das Volk benutzte, dem Lateinischen vorgezogen wurde, das jedoch nach wie vor die Sprache der kulturellen Tradition blieb.

Stadt und städtische Zivilisation

Vom 11. bis zum Beginn des 14. Jahrhunderts machte Europa durch das Wachstum der Bevölkerung und die Zunahme der Ressourcen einen Wandel durch. Die Wiedergeburt der Stadt verlieh Landschaft und Gesellschaft ein neues Gesicht und der Handel öffnete das Abendland der Welt.

Die demografische Entwicklung Europas

Fast das gesamte Mittelalter hindurch ermöglichten die europäischen Agrarressourcen ein ständiges Anwachsen der Bevölkerung und der zu ihrer Versorgung notwendigen Produktion. Die außerordentlichen Umstände im Zusammenhang mit den großen Völkerwanderungen hatten eine solche Entwicklung bis zum 9. Jahrhundert verhindert. Dann, nach den letzten Invasionen, kam es zu einem leichten, aber stetigen An-

stieg der Bevölkerungszahlen. Wie im vorhergehenden Kapitel zu sehen war, förderte und beschleunigte die Zunahme der Anbauflächen, die durch neue Techniken, zunehmende Verfügbarkeit von Arbeitskräften, die Organisationsmöglichkeiten der Grundbesitzer und die Bemühungen der Bauern begünstigt wurden, diese demografische Entwicklung. In den ersten 300 Jahren des neuen Jahrtausends war die europäische Bevölkerung von 30 Millionen im Jahr 1000 auf 74 Millionen um das Jahr

Die Städte

Die große Anzahl von Städten, die sich im Mittelalter während der Phase des Bevölkerungswachstums entwickelten, hatten die verschiedensten Ursprünge. Es gab alte römische Städte wie Pavia, Trier oder Paris; neu gegründete Städte, die in der Nähe eines Klosters (Mechelen) oder einer Burg (Gent) entstanden; Städte, deren Lage sich als Zufluchtsort eignete (Venedig); Ansiedlungen, die aus Verteidigungsgründen angelegt wurden (Ávila). Die Abbildung links zeigt eine Ansicht des mittelalterlichen Paris auf einem Stich aus dem 16. Jahrhundert.

1300 angewachsen. Erst an diesem Punkt wird die Entwicklung für den Augenblick unterbrochen.

Man muss sich vorstellen, dass nicht mehr als 15 Prozent der europäischen Bevölkerung jener Epoche in kleinen oder größeren Städten lebten, auf jeden Fall bedeutete die urbane Entwicklung einen tief greifenden Wandel für die europäische Gesellschaft. In den Städten wurden die landwirtschaftlichen Produkte verkauft, die den eigenen Bedarf der Bauern überstiegen. Die Entwicklung von Siedlungen und Märkten begünstigte außerdem eine immer deutlichere Trennung zwischen der Arbeit in der Stadt und der Landarbeit. Innerhalb der Stadt wiederum wurde zusätzlich unterschieden zwischen jenen, die sich den verschiedenen Aktivitäten wie Handwerk, Handel oder Geldgeschäft widmeten.

Das städtische Leben wird zum Motor der europäischen Entwicklung und das Gesicht Europas nimmt neue Züge an, die sich bis heute bewahrt haben.

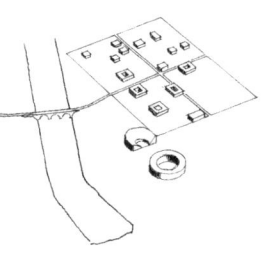

NEUE MAUERN
In Florenz, einer der reichsten Städte des Mittelalters, wurden die Stadtmauern im Laufe von 120 Jahren mehrfach erweitert. Florenz wurde nur von Paris übertroffen, wo um 1300 etwa 200 000 Menschen lebten. London dagegen hatte nur 50 000 Einwohner.

Florenz zu römischer Zeit
Im 3. Jahrhundert lebten in Florenz etwa 10 000 Menschen. Danach folgte eine lange Periode des Niedergangs.

Die Stadtmauern im 12. Jahrhundert
Um 1050 hatte Florenz 20 000 Einwohner, aber bereits Ende des 12. Jahrhunderts reichten die neuen Mauern für eine Einwohnerzahl von 30 000 Menschen nicht mehr aus.

Der Mauerring
Zwischen 1284 und 1333 wurde eine sehr großzügige Mauer gebaut, welche die neue Kirche der Bettelmönche umschloss und bis Ende des 19. Jahrhunderts ausreichte. Das Bevölkerungswachstum war in jenen Jahren überaus hoch: 75 000 Einwohner um 1200, 85 000 um 1250 und 100 000 im Jahr 1300.

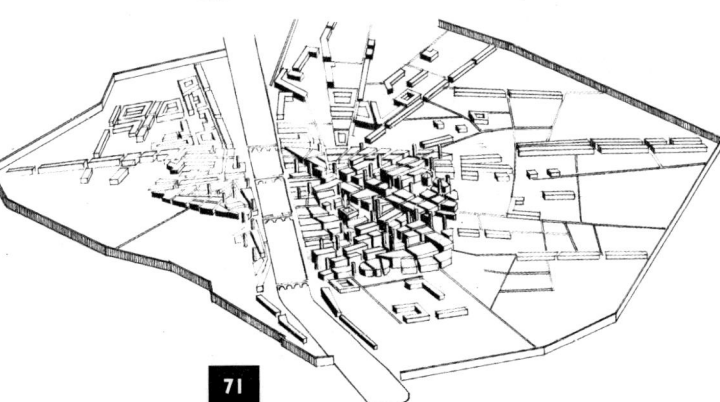

Die Türme
Die Machtsymbole der ältesten und reichsten Familien wurden nach den politischen Kämpfen und der Festigung der neuen Schichten häufig abgebrochen.

Die Kirche
Neben dem Rathaus und dem Marktplatz war die Kirche ein Orientierungspunkt für Fremde.

Das soziale Leben
Es spielte sich hauptsächlich auf der Straße oder in den privaten Innenhöfen der Häuser ab, die man von einer häufig mit Türen abgeschlossenen Gasse aus betrat.

Die Aktivitäten in der Stadt
Wichtig war vor allem die Textilverarbeitung. Daneben befassten sich Handwerker mit Holz- und Eisenbearbeitung sowie der Herstellung von Lebensmitteln.

Rathaus
Das Zentrum der Stadt-
politik und Sitz der
Regierung demonstrierte
die politische Autonomie
gegenüber der kaiser-
lichen oder bischöflichen
Autorität.

Die Topographie der Städte
Auch heute noch ist der mittelalterliche Ursprung
einer Stadt an der gewundenen Anlage und dem
Gewirr der Gassen und Straßen in ihrem histori-
schen Zentrum zu erkennen. Das Foto zeigt Citta-
della in der Provinz Padua.

Die städtische Wirtschaft

Die handwerklichen und kom-
merziellen Aktivitäten kenn-
zeichneten also die städtische Wirtschaft.
Der Geldumlauf war dafür unverzichtbar.
Die Entdeckung und die Ausbeutung von
Silberadern in Sachsen, Böhmen, Kärnten,
Ungarn, in der südlichen Toskana und in
den Pyrenäen begünstigte insbesondere seit
dem 12. Jahrhundert die Verfügbarkeit von
Münzen. Mitte des 13. Jahrhunderts ließen
sich die italienischen Händler, welche die
byzantinischen und islamischen Mittel-
meerhäfen anliefen, in Gold bezahlen und
in der zweiten Hälfte desselben Jahrhunderts begannen Florenz und Genua mit dem
Prägen von Goldmünzen. Das Handwerk
entwickelte sich und übernahm Modelle zur
Organisation und zum Schutz, deren wich-
tigstes die Einteilung der Berufe in Zünfte
oder Gilden war. Dabei handelte es sich um
Vereinigungen von Handwerkern, die derselben Tätigkeit nachgingen und ein ge-
meinsames Interesse vertraten. In den Zünften versammelten sich die Meister der ein-
zelnen Handwerksgewerbe, wobei Gesellen
(*socii* oder *laborantes*) und Lehrlinge (*disci-
puli*) eine untergeordnete Position einnah-
men. Strenge disziplinarische Normen regelten das Verhältnis zwischen Meister und
Gesellen, die Dauer der Lehrzeit sowie Kauf
und Verwendung von Materialien. Man
musste die gute Qualität des Produktes ge-
währleisten und eine Überproduktion von
Ware vermeiden, die als Folge des nicht ge-
regelten Wettbewerbs unter den Geschäften
derselben Branche im begrenzten Markt der
Stadt vorkam.

Neben einer Regelung der Berufe entwickelte sich in der Stadt auch eine politische Hierarchie, wobei beide dazu neigten,

WOLLE AUS FLANDERN
Ein Beispiel für die Spezialisierung auf ein Produkt war die Provinz Flandern, wo seit dem 12. Jahrhundert Tuch aus Wolle hergestellt wurde.

Vorbereitung
Dann kam die Wolle auf eine Spindel, wo sie zu einem sehr feinen Faden versponnen wurde (3). Das Weben des Stoffes erfolgte seit dem 13. Jahrhundert auf einem horizontalen Webstuhl (4).

Vorarbeiten
Nachdem man das Schaf mit einer Schere geschoren hatte (1), wurde die Wolle durch die Vibrationen eines Bogens entwirrt (2).

ineinander überzugreifen. Die Stadt bot dem, der in ihren Mauern lebte, Schutz und garantierte ihm viele Rechte: Er war ein Bürger, das heißt jemand, der in ihrem Schutz stand. Die politische Macht befand sich jedoch in den Händen von wenigen Familien, den reichsten der Stadt, den so genannten Patriziern. Dazu gehörten, je nach Stadt, bedeutende Kaufleute – was in vielen europäischen Städten der Fall war – oder reiche Großgrundbesitzer – insbesondere in den nord- und mittelitalienischen Städten, in denen sich eben wegen der frühen wirtschaftlichen Erholung der Städte seit dem 10. und 11. Jahrhundert viele Grundbesitzer vom Lande niedergelassen hatten. Diese führenden sozialen Gruppen organisierten – meist als Rat – Gemeindeverwaltungen, Versammlungen der Familienoberhäupter der Stadt zur Gewährleistung des inneren Friedens der städtischen Gemeinschaft, setzten sich ein für die Unabhängigkeit gegenüber den alten Feudalherrn – dem Bischof der Stadt, dem Domkapitel, dem Abt eines Klosters, dem Herrn einer Burg, von der die Stadt geschützt wurde – und sorgten für die Verteidigung gegen Bedrohungen von außen. Und immer dominierten diese höheren sozialen Gruppen die politischen Versammlungen der Städte.

Ab dem 11. Jahrhundert begannen die Städte, eine gewisse Autonomie gegenüber den traditionellen Mächten zu erlangen, und während sie in Italien anfingen, die ländlichen Gebiete der Umgebung zu beherrschen – was später zu Territorialstaaten führen sollte –, gelang es ihnen im übrigen Europa nur selten, die Grenzen der Stadtmauern zu überwinden. In Italien führte der Gegensatz zwischen dem Stand der *nobiles* und

Die Endverarbeitung
Danach wurde der Stoff gewalkt, das heißt im Wasser verfilzt (5). Schließlich erfolgte noch das Scheren des Tuches, was mit einer großen Schere geschah (6).

DIE WERFT VON VENEDIG
Sie wurde vom 12. bis 13. Jahrhundert erbaut
und im 14. Jahrhundert erweitert,
als die Republik Venedig mit dem Bau von dreirudrigen
Galeeren als Kriegsschiffen und den *caracche* genannten
großen Handelsschiffen begann. Neben diesen
mächtigen Hochseeschiffen standen zahllose Segler für
die Küstenschifffahrt zur Verfügung.

Die Mauer
Eine von Türmen
unterbrochene
Mauer umschloss im
16. Jahrhundert drei
Hafenbecken, die von
mehreren Depots,
Lagern und Kontoren
umgeben waren.

milites, also dem Adel und den Rittern, die durch ein kriegerisches Leben und eine von der Erde gelieferte wirtschaftliche Grundlage charakterisiert wurden, und den Handwerkern und reichen Kaufleuten zu einer chronischen Instabilität der städtischen Verwaltungsinstitutionen. Dies war in der Stadt Florenz der Fall, in der die Bevölkerung in Gestalt der reichsten Bürger – jene, die im Woll- und Seidengeschäft tätig waren,

Richter und Notare, Geldwechsler, Ärzte, Gewürzhändler und Kürschner – 1293 die Macht übernahm und dem alten Adel eine endgültige Niederlage bereitete.

Die Wiederbelebung des Handels in der mediterranen Welt
Die Expansion der Landwirtschaft und des städtischen Lebens ging einher mit einer Revolution der wirtschaftlichen Aktivitäten. In der mediterranen Welt entstand ein

Die Karacke

Die venezianische Flotte setzte sich aus Schiffen mit länglichem und solchen mit bauchigem Rumpf zusammen. Letztere, Caracken genannt, dienten zum Transport von sperrigen Gütern. Bei diesen Schiffen handelte es sich um Dreimaster, deren Brücke von einem hohen Achterdeck gekrönt war.

Die Galeere

Die venezianischen Galeeren eskortierten die Carackenkonvois. Sie waren wendiger als die schwerfälligen Handelsschiffe und wurden von den Handwerkern des Arsenals aus hochwertigem Holz gefertigt.

Links: Vittore Carpaccio, *Begegnung der Brautleute und Aufbruch zur Pilgerfahrt*, Detail, 1490 – 1495 (Venedig, Gallerie dell'Academia).

großes Netz von Seewegen, die von den italienischen Seerepubliken Amalfi, Pisa, Genua und Venedig befahren wurden. Auf Grund der günstigen geografischen Lage traten die Flotten der italienischen Städte in Kontakt mit dem byzantinischen und islamischen Machtbereich und durch deren Vermittlung wiederum mit den fernen Welten Asiens und Afrikas.

Vor allem Genua etablierte Stützpunkte an den Küsten Kleinasiens und des Schwarzen Meeres: Die Häfen Caffa und Trapezunt lagen an der Mündung der Karawanenwege aus Zentralasien oder der großen Flüsse der russischen Ebenen.

Die venezianischen Schiffe gelangten bis in den Nahen Osten nach Akko, Jaffa und Beirut, aber auch nach Alexandria in Ägypten, wo das Tor in den Sudan mit seinem Goldreichtum und sogar bis zur Arabischen Halbinsel offen stand. Die von den italienischen Kaufleuten verladenen Güter

waren im Allgemeinen nicht sehr sperrig und leicht zu transportieren: Es handelte sich um Stoffe, bearbeitetes Leder, Gewürze, Farben, Medikamente, Gold und Silber.

Die Wiederbelebung des Handels im Nord- und Ostseeraum

Der zweite große Handelschwerpunkt Europas lag im Bereich von Nord- und Ostsee, wo die deutschen Kaufleute die Oberhand gewannen. Ihre Aktivitäten führten zur Gründung eines Handelsimperiums, das von der Hanse geführt wurde. Dabei handelte es sich um einen wirtschaftlich-politischen Bund, den Städte mit ähnlichen Interessen Ende des 13. Jahrhunderts eingingen und der durch den Zusammenschluss konkurrierender Vereinigungen etwa Kölns, Hamburgs und Lübecks entstand. Die Kaufleute der Hanse handelten mit Rohstoffen und Lebensmitteln: Kupfer- oder Zinnerz, Bauholz, Korn, Heringen und Honig, aber auch mit Häuten und Fellen aus Nordeuropa sowie mit Stoff und Tuch aus Flandern – berühmt war das feine, perfekt gewebte und farbenprächtige Tuch aus Gent, Ypern und Brügge. Die Kaufleute der Hanse gelangten bis nach Skandinavien – 1251 wurde Stockholm gegründet – und im Osten bis nach

Die Transportkosten

Sie waren beträchtlich. Der Preis des russischen Getreides konnte bei der Ankunft in Frankreich um ein Drittel gestiegen sein und sich bis Italien verdreifacht haben.

LÜBECK

Über die Häfen der Hanse, insbesondere Lübeck, wurden Getreide aus Preußen, Pelze und Honig aus Russland, Bauholz, Teer, Trockenfisch, Salzheringe, orientalische Gewürze und Tuche aus Flandern verschifft.

Russland, wodurch sie auch die deutsche Ostkolonisation vorantrieben. Über Nowgorod gelangten sie auf Flüssen bis nach Kiew. Die mediterrane und nordeuropäische Welt betrieben vorwiegend Seehandel. In zahlreichen europäischen Häfen verfügten die fremden Kaufleute über große Speicher mit Unterkünften, die Faktoreien.

Alle Kaufleute eines Landes trafen sich gewöhnlich an einem Stützpunkt, um möglichen Schwierigkeiten besser begegnen zu können. Der Handel innerhalb Europas erfolgte vorwiegend über die Flüsse: Schiffe mit flachem Rumpf befuhren die Themse, die Maas, die Mosel, den Rhein, die Seine, die Loire, den Po und viele andere.

Die Wiederbelebung des Handels: Messen und Märkte

Die europäischen Kaufleute hatten die Möglichkeit, sich auf den berühmten internationalen Messen des Mittelalters zu treffen. Die Kaufleute waren gewöhnlich fahrende Händler, die selbst für den Warennachschub sorgen und ihre Ware an fernen Orten verkaufen mussten. Deshalb war ihre Arbeit gefährlich. Es war

Die Kogge
Die Kogge mit ihrem bauchigen Rumpf war ein Schiff mit quadratischen Segeln, das sich die deutschen Hansekaufleute bauen ließen. Die Hansekogge war schnell und konnte Waren mit einem Gewicht von rund 200 Tonnen transportieren.

Europäische Kaufleute
In den Häfen der Hanse hatten die italienischen Kaufleute einen ständigen Vertreter. Zudem trafen dort flämische, französische, englische und vor allem deutsche Kaufleute zusammen.

Die Brücken

Der Bau von Brücken aus Stein an Stelle der alten Holzbrücken war im frühen Mittelalter ein offensichtliches Zeichen dafür, dass auch der Transport über den Landweg eine Wiederbelebung erfuhr.

Die Kathedrale

In Troyes begann man Ende des 13. Jahrhunderts mit dem Bau der großen gotischen Kathedrale St. Pierre et Paul.

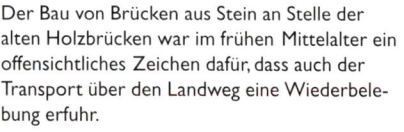

Verträge

Der Abschluss von Verträgen, Zahlungen und Geldwechsel wurden von den Aufsehern der Messe überwacht.

DIE MESSE VON TROYES

Von 1150 bis Ende des 13. Jahrhunderts kam es in vier französischen Städten der Region Champagne, nämlich in Bar-sur-Aube, Lagny, Provins und Troyes, zur größten Konzentration des Handelsaustausches in ganz Europa.

Die Handelshäuser
In den Häusern, in denen sie untergebracht waren, fanden die Fremden Rat und Hilfe. Wer keinen Platz auf der Messe fand, kampierte am Stadtrand.

Die Waren
Aus Nordeuropa kamen Textilien; aus dem Süden Leder, Tuche aus bearbeiteter Wolle und Seiden; aus der Levante kamen Gewürze und Pferde; aus Deutschland vor allem Felle und Pelze.

üblich, dass sie sich in Zünften oder Gilden zusammenschlossen, um ihre Rechte und Interessen zu verteidigen. Die Kirche lernte allmählich ihre Funktion als Verteiler von Waren und demzufolge ihren Beitrag zum Wohlbefinden der Gemeinschaft zu schätzen und begann, einige Geschäfts- und Finanzierungspraktiken, etwa ein Darlehen gegen Zinsen, zu billigen, die sie zuvor immer verurteilt hatte.

Auf den Messen gab es für die Kaufleute Garantien: Eine präzise Gesetzgebung garantierte beispielsweise die öffentliche Ordnung und legte die Rechtmäßigkeit der An- und Verkäufe fest. Die Messen in der nordfranzösischen Champagne spielten eine überaus wichtige Rolle bei der Herstellung des Kontakts zwischen Nord- und Südeuropa. Im Gegensatz zu den Märkten, die lokal begrenzt waren, wöchentlich stattfanden und auf denen vor allem mit Nahrungsmitteln gehandelt wurde, fanden die Messen saisonal statt und standen allen Arten von Waren offen. Die berühmten Messen der Champagne fanden sechsmal im Jahr in den vier größten Zentren der Region statt und wurden dank der günstigen geografischen Lage schon nach kurzer Zeit zum wichtigsten Treffpunkt der Kaufleute aus Flandern, England, der Provence, Spanien und Italien.

Die abendländische Christenheit befand sich im 12. und 13. Jahrhundert in einer Phase starker wirtschaftlicher Expansion. Die große Verfügbarkeit von Waren und Materialien aller Art wirkte sich auch in anderen Bereichen aus und führte zu einer gewaltigen militärischen Expansion und – wie im nächsten Kapitel zu sehen sein wird – zu einer starken politischen Dynamik.

Die Kreuzzüge

Im Jahre 1096 rief Papst Urban II. (1042 – 1099) die Christenheit zu einer großen militärischen Unternehmung auf, zur Befreiung des Heiligen Landes und des Heiligen Grabes, die sich bereits seit dem 7. Jahrhundert in islamischer Hand befanden. Schon seit Jahrhunderten pilgerten Christen ins Heilige Land. Und seit Jahrhunderten glaubte man, der Kampf gegen jene, die man als »Ungläubige« bezeichnete, sei eine Pflicht. In gewissem Sinne lagen die ideologischen Wurzeln eines solchen Verhaltens in den Invasionen der Barbaren und der Zwangstaufe der Sachsen. Europa und die islamische Welt waren durch die bereits langen Erfahrungen mit der muselmanischen Herrschaft in Spanien und auf Sizilien in Kontakt getreten. Die Europäer assoziierten die Muslime jedoch mit den Gewalttaten der Sarazenenüberfälle. Diese Auseinandersetzungen legten deshalb auch den Grundstein dafür, die religiöse Pilgerfahrt ins Heilige Land in einen bewaffneten Kreuzzug umzuwandeln. Der »bewaffnete Pilger« heftete sich ein Kreuz an sein Gewand, daher auch die Bezeichnung »Kreuzzug«: Er war ein Büßer, dem es ermöglicht wurde, für seine Sünden einen Weg der Sühne einzuschlagen und die Waffen gegen die Ungläubigen zu erheben.

Die Ersten, die sich auf den Weg machten, waren die Armen; Bauern aus ganz Europa, auf der Suche nach Land zur Urbarmachung, und Bettler, die in den Hospizen um Almosen baten, wodurch eine der Hauptursachen für die Kreuzzüge deutlich wurde: der wirtschaftliche Aspekt. Der Okzident erlebte eine Wiederbevölkerung und machte sich auf die Suche nach neuen Gebieten jenseits des Meeres. Andererseits

Adelige und Ritter

Der Traum von neuen Eroberungen lockte Adelige und Ritter aus allen Teilen des Abendlandes an, die sich durch ihre bewaffnete Pilgerfahrt die Absolution von ihren Sünden erhofften.

DIE EINSCHIFFUNG

In süditalienischen Häfen wartete häufig eine vielfältige Menge aus Ordensgeistlichen, Rittern und Armen auf ein venezianisches Schiff, das sie nach Griechenland bringen sollte.

Ordensgeistliche
Aus religiösen Gründen
verfolgen die Kreuz-
fahrer auch Juden, die
ihnen begegnen und
Griechen, die sich von
der römischen Kirche
losgelöst
haben.

Die Schiffe
Im Laufe der Zeit
wurde die Flotte der
Kreuzfahrer vor
allem von der Repu-
blik Venedig bereit-
gestellt.

Die Armen
Gläubige ohne Waffen, spontane
Abenteurer und verrückte Propheten
bildeten die Vorhut der Kreuzzüge.

stellten die italienischen Seerepubliken größtenteils die Schiffe zur Verfügung in der Hoffnung auf Profit, aber auch auf der Suche nach festen Stützpunkten für ihren Handel mit dem Orient in den eroberten Städten. Später machten sich die Feudalherrn, die Ritter, auf den Weg, deren Beweggrund die Verteidigung des Glaubens als »Soldaten Christi« war.

Nach Ansicht der meisten Historiker wurden zwischen 1096 und 1270 acht offizielle Kreuzzüge proklamiert, tatsächlich waren es jedoch wesentlich mehr. Denn kaum war eine Expedition zu Ende, wurde rasch die nächste organisiert, sodass es keine wirkliche Unterbrechung gab: Man kann von den Kreuzzügen sogar wie von einem ununterbrochenen Kreuzzug sprechen. Die Kreuzzüge waren ein totaler Fehlschlag. Die christlichen Eroberungen im Heiligen Land waren nur von kurzer Dauer. Der Okzident musste versuchen, in eine andere Richtung zu expandieren.

DIE UNIVERSITÄT

Das Wissen, das in den mittelalterlichen Universitäten vermittelt wurde, war zunächst das der sieben freien Künste: Das Trivium – Grammatik, Rhetorik und Dialektik – und das Quadrivium – Arithmetik, Geometrie, Musik, Astronomie. In den höheren Fakultäten wurden Theologie, Jurisprudenz und Medizin gelehrt.

Lectio und *quaestio*

Im »scholastischen« Unterricht spielte das Buch eine wichtige Rolle. Die Lektüre eines Textes war die erste Phase der Lehrmethode (*lectio*). Hatte man das Buch gelesen, ging man zur zweiten Phase (*quaestio*) über, bei der eine Frage aufgeworfen wurde.

Die kulturelle Wiedergeburt

Im Europa der Kreuzzüge und der städtischen Wiedergeburt, das heißt also einem Europa des religiösen Eifers und der wirtschaftlichen Erholung, kommt es zu einem neuen Phänomen: einer Wiedergeburt der Kultur, die bis zu jenem Augenblick vor allem auf die Klöster begrenzt war. In den Städten entstanden die ersten Schulen, eine Entwicklung, die von den Bischöfen gefördert wurde, um der Ausbildung von neuen Priestern, aber auch von Amtsträgern eine Basis zu verschaffen. Schon bald verbreitete sich in der Stadt jedoch auch eine neue Art der höheren Ausbildung, bei der die griechischen Klassiker und insbesondere Aristoteles eingesetzt wurden, um die Dogmen der Religion zu erklären. So standen sich vom Ende des 11. bis zum Beginn des 12. Jahrhunderts zwei Arten des Studiums gegenüber, das scholastische der Stadt und das monastische der Klöster. Der kulturelle

Cambridge 1209
Oxford 1167
Paris 1174
Angers 1229
Montpellier 1239
Padua 1222
Modena 1219
Bologna 1158
Toulouse 1229
Salamanca 1254
Lissabon 1290
Sevilla 1254
Neapel 1224

Die ersten Universitäten
Auf der Karte sind die Gründungsjahre der im 12. und 13. Jahrhundert entstandenen berühmtesten europäischen Universitäten aufgeführt.

Die Studenten
Es handelte sich vor allem um Geistliche, die Teil der intellektuellen Elite der Kirche werden sollten.

Disputatio und determinatio
Die Frage wurde in einer dritten Phase, der Diskussion (*disputatio*) erörtert. Dann fand man eine Lösung als Ergebnis einer intellektuellen Diskussion in der vierten Phase: *determinatio*.

Disput wurde stärker, nicht zuletzt durch die zunehmende Anzahl höherer Schulen. Die Tätigkeit des Lehrenden wurde schon bald zum Beruf, wobei der Gelehrte vom Bischof oder einer anderen Autorität befähigt und entlohnt wurde und seine Rolle zunehmend an Ansehen und Exklusivität gewann. Studenten begannen durch ganz Europa zu reisen, um den Unterricht verschiedener Dozenten zu besuchen. Auf Grund ihres hohen Ansehens besaßen diese eine so große Autorität, dass sie ihre Studenten sogar zur Auseinandersetzung mit der zivilen oder kirchlichen Macht aufrufen konnten, um die Autonomie des Unterrichts zu verteidigen. Diese Solidarität zwischen Studenten und Dozenten führte zur Gründung von Vereinigungen dieser beiden Gruppen. Diese nannten sich Universität, genossen innerhalb der Gemeinde- oder bischöflichen Rechtsprechung zahlreiche Freiheiten, verwalteten sich selbst und wählten einen Leiter oder Rektor. Ab dem 13. Jahrhundert wandelten sich die Universitäten. Aus den ehemals elitären Vereinigungen wurden Stätten, deren Hörsäle und Kollegien mit Studenten und Dozenten bevölkert waren und deren Ziel die Erarbeitung von Wissen war.

Die Gotik

Wie wir gesehen haben, entstanden die ersten Schulen in der Stadt auf Initiative des Bischofs. Die städtische Kirche schlechthin war die Kathedrale, die Bischofskirche. Auf der Baustelle einer Kathedrale traf man den Architekten und den Baumeister, aber auch den Geistlichen, der genau auf die symbolische Bedeutung eines jeden strukturellen und dekorativen Elements bedacht war. Alle Handwerker der Stadt waren am Bau einer großen Kathedrale beteiligt: Zimmerleute, Glaser, Steinmetze ... Man errichtete riesige Kirchenbauten, die sich durch farbenprächtige Glasfenster und Spitzbögen auszeichneten.

GOTISCHE KATHEDRALEN

1141 wurde die Kathedrale von Chartres durch einen Brand fast
völlig zerstört. Die innovativen Lösungen, die bei ihrem
Wiederaufbau eingeführt wurden, definieren die grundlegenden
Wesensmerkmale der gotischen Architektur.

Gotische Spitzbögen

Der Bogen in Form von zwei gekrümmten
Linien, die in einer Spitze enden, wird Spitz-
bogen genannt. Die längliche Form soll den
Eindruck unterstreichen, dass die Kathedrale
nach oben strebt.

Die Strebepfeiler

Es handelt sich um eine Art Strebe-
mauern, die gemeinsam mit den äußeren
Strebebögen dem Druck der Gewölbe
und Bögen im Inneren der Kirche ent-
gegenwirken.

Säulenfiguren

Die Figuren, die die Fassade der Kathedrale schmücken,
wurden aus demselben Steinblock gehauen, der als Säule fungierte.

Die Glockentürme waren in der richtigen Proportion zu diesen gewaltigen Gebäuden konzipiert; die Türme der französischen Kathedralen von Reims und Chartres sowie des Straßburger Münsters sind 82, 130 bzw. 142 Meter hoch und die des Ulmer Münsters gar 160. In der Gotik triumphierten die Kirche, die Stadt, die Höhe, das Licht, die Elemente, die vor allem die Sinne ansprachen und die menschlichen Gefühle aufwerteten; die Gotik war die Kunst einer jungen, erfinderischen und grundlegend städtischen Welt.

Die Bettelorden

Ein anderes eng mit der Stadt verbundenes Phänomen war die Entstehung der Bettelorden. Ebenso wie die Gotik Religiosität und Stolz einer städtischen Gemeinschaft und der gesamten Bevölkerung ausdrückte, die an ihrer Entstehung teilhatte, waren Franziskaner und Dominikaner ein weiteres Beispiel der in der Gesellschaft verwurzelten Religiosität. Im 13. Jahrhundert debattierte man über Glaubensfragen auch auf der Straße, dem Marktplatz oder in den Läden. Manche Prediger, die keine Kleriker waren, sondern aus Handwerker- oder auch Kaufmannsfamilien stammten, schlugen

BETTELORDEN
Entsprechend dem Ruf nach einer Reform, der in der Kirche ab dem 11. Jahrhundert immer lauter wurde, verzichteten Franziskaner und Dominikaner auf jeglichen materiellen Besitz. Ihre wichtigste Mission war es, den Glauben zu predigen.

Die Dominikaner
Dominikus zog von Ort zu Ort, predigte und bat um Almosen. Sein 1206 gegründeter Orden tat sich schon bald bei der Verfolgung von Ketzern hervor und erhielt 1231 von Papst Gregor IX. den Auftrag zur Durchführung der Inquisition. Rechts auf der nächsten Seite: Papst Gregor IX. setzt die Inquisition ein (Venedig, Biblioteca Marciana).

Das Kapitel
Die Versammlung, die sich mit allen materiellen und geistigen Problemen der Mönchsgemeinschaft auseinandersetzte. Die Bezeichnung rührt daher, dass jeden Tag einer der Mönche ein Kapitel der Ordensregeln laut vorlas.

den Verzicht auf Reichtum und die Rückge-
winnung der wahren Werte des Evangeli-
ums vor, die Aufgabe jeder Art von persön-
lichem Besitz, strenge Sitten, einfache Kleidung und Ernährung sowie die Verrichtung
niedriger Tätigkeiten mit den eigenen Händen. Bei vielen Menschen fanden diese
Ideen Anklang. Der hl. Franz von Assisi
(1182 – 1226), eine Persönlichkeit von tiefem
geistigem Empfinden, gehört gewiss zu den
wichtigsten Figuren in der Geschichte des
Christentums. Nach dem feierlichen Verzicht auf das väterliche Vermögen und einer
Zeit der Buße gründete er eine kleine Mönchsgemeinschaft, die sich der Armut und
dem Gebet verschrieb.

Der Spanier Domingo de Guzmán (1170 –
1121) gründete dagegen eine Gemeinschaft von Priestern, die sich der Armut verschrieben hatten und wie
die Apostel umherzogen, um
dem Menschen die christliche
Lehre zu predigen. Im Ge-
gensatz zu den Mönchen,
die in klösterlicher Abge-
schiedenheit lebten, er-
richteten Franziskaner
und Dominikaner ihre
Basiliken und Kirchen
an den Orten, an denen

Entstehung und Entwicklung des Franziskanerordens

Die Ordensregel des hl. Fran-
ziskus wurde von Papst Innozenz III. ab 1210 mündlich
gutgeheißen. In den ersten
Jahrzehnten des 14. Jahrhunderts hatten die Franziskaner
wahrscheinlich bereits über
30 000 Mitglieder.

EIN KETZERPROZESS

Eingeleitet und durchgeführt wurde ein
solcher Prozess vom Inquisitor,
der in einer Diözese tätig war, aber dem Papst
und nicht dem örtlichen Bischof unterstand.
War der Angeklagte, der schon dann unter
die Autorität der Inquisition fiel,
wenn er nur Gespräche oder Predigten von
Ketzern gehört hatte, schon einmal
von der Inquisition verurteilt worden,
so war die Todesstrafe
unumgänglich.

Der Angeklagte
Seine Schuld konnte
auch von Zeugen-
aussagen abgeleitet
werden.

Der Inquisitor
Sein Ziel war es, die Gedanken
des Angeklagten zu erfor-
schen und ihn zu einem
Geständnis zu
bewegen.

Der weltliche Arm
Die Übergabe des Angeklagten an den weltlichen Arm entsprach einem Todesurteil.

Fra Dolcino
Im Winter 1306/07 widersetzte sich Fra Dolcino – ein Ketzer, der unter anderem das Ende der päpstlichen Herrschaft und die absolute Armut prophezeite – mit Waffengewalt der kirchlichen Autorität in den Piemonteser Alpen. Nachdem man ihn dennoch gefangen genommen hatte, starb er 1307 unter der Folter. Oben: Miniatur aus Dantes Inferno, Manuskript aus dem 14. Jahrhundert (Venedig, Biblioteca Marciana).

Die Folter
Sie wurde 1252 von Papst Innozenz V. zugelassen.

man die meisten Menschen antraf – und das waren die Städte. Die frommen Brüder lebten jedoch nicht immer am selben Ort, sondern zogen von Stadt zu Stadt, um zu predigen. Bei den Franziskanern gab es lange Zeit zwei Tendenzen – wobei eine für extreme Armut, die andere dagegen mehr im Einklang mit der Macht der Kirche stand. Die Dominikaner wurden zu den fleißigsten Predigern und den eifrigsten Bekämpfern der Ketzertums.

Ketzerbewegungen

Nicht alle, die sich eine Reform der Kirche wünschten, blieben der römischen Kirche treu. Dies galt beispielsweise für die Bogomilen oder »Gottesfreunde«, eine manichäische Sekte, die viele Gemeinsamkeiten mit den Katharern, den »Reinen«, aufwies. Diese glaubten an die Existenz zweier Prinzipien, des Guten (der Geist) und des Schlechten (die Materie), die einen ständigen Kampf gegeneinander führen; deshalb erkannten die Katharer die menschliche, materielle Existenz Christi nicht an. Dies war auch bei den Waldensern der Fall, die beispielsweise das Fegefeuer und den Heiligenkult ablehnten und das Sakrament der Kommunion und des Glaubens nicht anerkannten. Ihr Name leitet sich von Valdo ab, einem reichen Kaufmann aus Lyon, der an einem gewissen Punkt seines Lebens beschlossen hatte, fortan in absoluter Armut zu leben.

Eine Reihe von Sekten waren seit dem 11. Jahrhundert entstanden und hatten in der gesamten Bevölkerung ihre Spuren hinterlassen: Sie forderten eine Reform der Kirche; als sie jedoch immer kämpferischer und populärer wurden, erklärte man ihre Lehren für ketzerisch, das heißt, dass diese

DIE PEST

Mitte des 14. Jahrhunderts gelangte die Pest nach Europa. Der Ursprung der Epidemie scheint die Ankunft einiger Genueser Schiffe aus dem Schwarzen Meer gewesen zu sein, auf denen sich infizierte Personen befanden oder Ratten, die im Laderaum als blinde Passagiere mitgereist waren.

Makabre Szenen
Kriege, Feuersbrünste und Seuchen bescherten den Menschen im Mittelalter ein sehr unsicheres Leben. Der Tod gehörte zu den am häufigsten dargestellten Themen in den bildenden Künsten der Epoche.

Ratten
Verantwortlich für die Verbreitung des Pestbazillus war der Rattenfloh, ein Parasit der Ratte.

nicht im Einklang mit der von der Kirche verkündeten Lehre steht. Die systematische Unterdrückung der so genannten Ketzer begann im 13. Jahrhundert. Papst Innozenz III. (1198 – 1216) rief zum Kreuzzug gegen die Katharer in der französischen Stadt Albi auf. Gegen die Ketzer ging man jedoch auch mit Hilfe der Inquisition vor, das heißt der systematischen Untersuchung der ketzerischen Lehre durch Nachforschungen, Verhöre und Anklageerhebung vor dem Inquisitionstribunal. Mit der Vollstreckung des Urteils wurde dagegen die weltliche Macht beauftragt.

Der demografische Einbruch

Vom 11. bis 13. Jahrhundert erlebte die Christenheit nicht nur die starke Expansionsperiode, die wir bereits gesehen haben, sondern sie erfuhr auch eine politische Neuorganisation. Bereits in den ersten Jahren des 14. Jahrhunderts waren viele europäische Regionen stärker bevölkert, als

Göttliche Strafe
Im Mittelalter hielt man die Pest für eine Strafe Gottes. Deshalb zogen Bußprozessionen durch die Straßen, bei denen sich Flagellanten zum Zeichen der Reue selbst geißelten.

Die Krankenpflege
Sie oblag in erster Linie Ordensangehörigen, wobei die medizinischen Kenntnisse sehr gering waren. Die Toten wurden verbrannt oder in Massengräbern beigesetzt.

die landwirtschaftlichen Möglichkeiten der Zeit dies zuließen. Erneut verringerten und schwächten Hungersnöte die Widerstandsfähigkeit der Bevölkerung gegen Krankheiten. Die Medizin war noch nicht sehr weit entwickelt, die geringe allgemeine Hygiene und die dichte Besiedelung der Städte erhöhten die Möglichkeit der Verbreitung von Epidemien. Im 13. und 14. Jahrhundert war das Bevölkerungswachstum endgültig zum Stillstand gekommen. Der schlimmste Schlag in dieser Hinsicht war jedoch die

verheerende Pestepidemie, die Europa von 1347 bis 1351 heimsuchte. Von diesem Zeitpunkt an hatte die Pest in Europa Fuß gefasst und brach in unterschiedlichen Zeitabständen in mehr oder weniger großen Gebieten immer wieder aus.

Gegen Mitte des 15. Jahrhunderts lebten in Europa weniger als halb so viele Menschen wie zu Beginn des 14. Jahrhunderts. In der Geschichte von Wirtschaft und Politik begann nun jedoch wieder ein völlig neuer Abschnitt.

Europa zwischen universalem Kaisertum und Einzelstaaten

Nach dem Scheitern des ehrgeizigen Vorhabens, ein großes europäisches Reich zu schaffen, waren Deutschland und Italien politisch zersplittert. Währenddessen entstanden große Flächenstaaten wie England, Frankreich und Spanien.

Papst und Kaiser

In Byzanz hatte man das Problem des Verhältnisses zwischen Kaiser und Papst schon vor langer Zeit gelöst: Der Kaiser vereinte geistliche und weltliche Macht in einer Person. Im Westen war dieses Problem im 9. Jahrhundert, zur Zeit Karls des Großen, aufgetaucht. Gegenüber einer Kirche, die sich vom Sittenverfall hatte anstecken lassen und einer Gesellschaft, welche die

Schrecken der Völkerwanderung und die darauf folgende Welle der Gewalt noch nicht überwunden hatte, fühlte sich der Frankenkönig nach seiner Krönung zum Kaiser berechtigt, die Kirche zu reformieren. Der Schutz war jedoch unvermeidbar zur Kontrolle geworden: Karl der Große hatte selbst begonnen, die Bischöfe zu ernennen. Diese Befugnis – die so genannte Investitur – wurde in der Hierarchie des

DIE INVESTITUR

Das Wort »Investitur« bedeutet die Zuteilung einer Macht an den Bischof durch den Kaiser. Diese Art der Macht wurde im Laufe der Zeit zu einem echten Lehen und war als solches einem bestimmten Ritus unterworfen.

Das Reich um 1050

Das Rückgrat des Heiligen Römischen Reichs befand sich Mitte des 11. Jahrhunderts im heutigen Deutschland und Österreich. Das Reich erstreckte sich von Burgund bis nach Ungarn und Norditalien.

Feudalsystems an die niedrigeren Vasallen weitergegeben. Schließlich beanspruchte jeder Fürst für sich das Recht, einen eigenen Bischof zu ernennen, der ihm gegen Gewährung eines Lehens zur Treue verpflichtet war. Der Sachsenkaiser Otto I. hatte diese Kontrolle und diesen Schutz noch verstärkt: Über die von ihm selbst ernannten und gegen Gewährung eines Lehens eingesetzten Bischöfe verwaltete er sein gesamtes Reich; selbst die Papstwahl konnte nach dem *Privilegium Othonis* von 962 nur mit seiner Genehmigung erfolgen. Die Kirche widersetzte sich all dem mit der Gregorianischen Reform, so benannt nach Papst Gregor VII. (1073 – 1085). Dieser hatte in seinem *Dictatus Papae* 27 Verfügungen niedergelegt, mit denen er die absolute Macht des Papstes über die gesamte Kirche und seine Überlegenheit über jede weltliche Gewalt bekräftigte. Diesmal war es der Papst, der einen Kaiser absetzen konnte. Der

Der Kaiser

Für den Kaiser war die Unterstützung durch die Bischöfe sehr wichtig. Nach Beendigung des Investiturstreits (1073 – 1122) wurde dem Papst und den Bischöfen die geistliche und dem Kaiser die weltliche Macht zuerkannt.

Der Bischof

Mittels seiner Ernennung durch eine weltliche Autorität wurde der Bischof Teil der Feudalstruktur. Als Vasall des Königs und seinerseits selbst Herr über andere Vasallen hatte der Bischof den Status eines einfachen Feudalherrn.

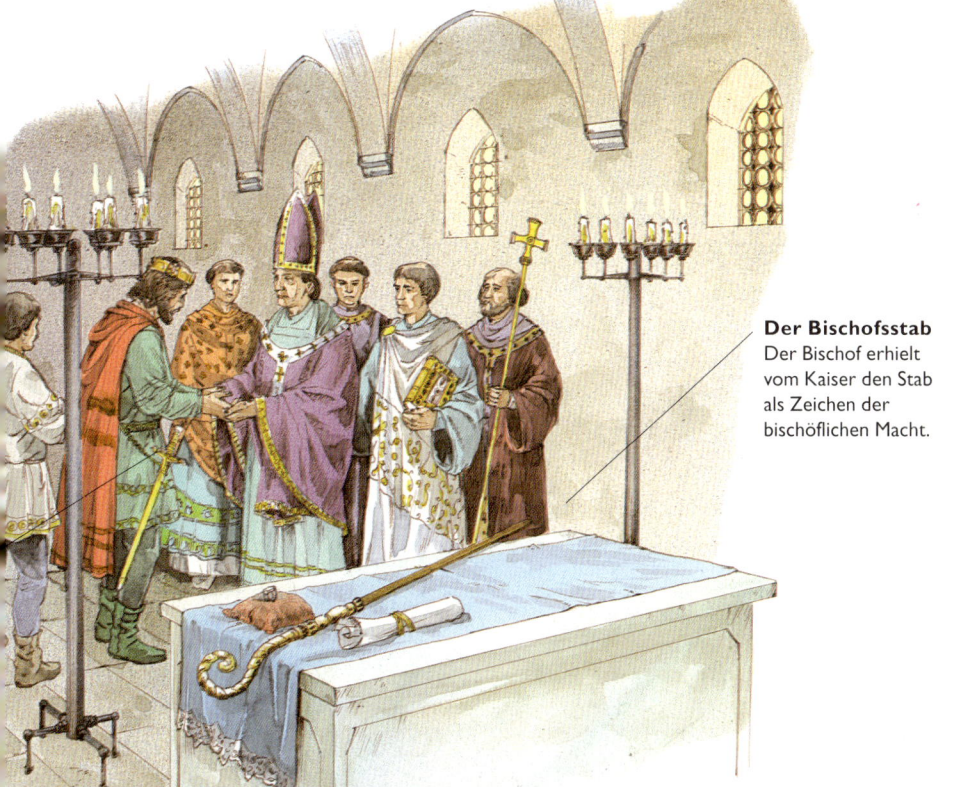

Der Bischofsstab

Der Bischof erhielt vom Kaiser den Stab als Zeichen der bischöflichen Macht.

Konflikt – der so genannte Investiturstreit – wurde durch das Wormser Konkordat von 1122 abgemildert: Der Kaiser verpflichtete sich, auf die Investitur der Bischöfe zu verzichten. Es war die erste offizielle Anerkennung der Trennung zwischen geistlicher und weltlicher Macht.

Die Zersetzung des Reiches

Obwohl der Investiturstreit praktisch beendet war, befand sich die Auseinandersetzung zwischen Kirche und Kaiser um die Herrschaft über die christliche Welt Ende des 12. Jahrhunderts noch in vollem Gange und sollte sich auf jenen Teil Europas negativ auswirken, der Schauplatz dafür war: Dabei handelte es sich insbesondere um die Territorien in Deutschland und Italien. Dieser Streit begünstigte tatsächlich jene Kräfte, deren Ziel eine Zerstörung der Einheit des Reiches war, und trug zur politischen Aufspaltung bei, die weit bis ins 19. Jahrhundert andauern sollte.

In Deutschland stärkte der Konflikt zwischen Papsttum und Reich die rivalisierenden Fürsten und Gegner der Kaiser. Diese wurden oft nach Italien gerufen, weshalb sie über lange Zeiträume hinweg die Angelegenheiten in Deutschland vernachlässigten. Die Kaiser hatten andererseits großes Interesse, nach Italien zu ziehen, wo sie hofften, durch die Einforderung der ihnen als Könige von Italien (ein Königreich, das sich allerdings auf Norditalien beschränkte) zustehenden Steuern vom außerordentlichen wirtschaftlichen Fortschritt dieser Regionen zu profitieren. Dort stießen sie jedoch auf das Unabhängigkeitsstreben der italienischen Städte. Die lange Regierungszeit von Kaiser Friedrich I. Barbarossa

(1152 – 1190) bedeutete den Augenblick der höchsten Blüte des Kaisertums in Deutschland. Sein Sohn Heinrich VI. (1190 – 1197) erlangte durch Heirat die Krone des normannischen Königreichs Sizilien, das dann an seinen Sohn Friedrich II. überging.

Friedrich II. von Hohenstaufen (1212 – 1250) herrschte durch diesen Umstand gleichzeitig über Deutschland und über den von den Normannen in Süditalien geschaffenen Staat, ein Ort der Begegnung verschiedener

DIE SCHLACHT VON LEGNANO

Kaiser Friedrich Barbarossa wird 1176 bei Legnano in Norditalien vom Bund der lombardischen Städte geschlagen. Dies bedeutete das Scheitern des kaiserlichen Versuchs, seine Autorität in Italien zu festigen.

Der Kampfwagen

Im 12. und 13. Jahrhundert diente dieser Wagen in der Schlacht als stolzes Symbol der Stadt, die von ihren Bürgern verteidigt wurde. Als die Städte Söldner zu ihrer Verteidigung anwarben, verlor dieses Symbol seinen Sinn. Auf dem Wagen wurde die Messe gelesen und von ihm aus lenkte der Heerführer die Schlacht.

Die Standarten

Der Wagen war in auffälligen Farben bemalt oder mit buntem Stoff bedeckt. Auf einer hohen Fahnenstange befand sich die Standarte der Stadt Mailand, von der die Truppen in die Schlacht geführt wurden.

Kulturen und Sprachen wie des Griechischen, Arabischen und Lateinischen. Der Normannenstaat – in dem die Feudalherrn während der Minderjährigkeit des Königs zahlreiche Befugnisse an sich gerissen hatten, ohne dabei jedoch die Einheit des Staates zu zerstören – erhielt von Friedrich eine engmaschige und zentralisierte Verwaltung. Der König führte eine strenge Politik der Steuererhebung ein, ließ die Burgen der Feudalherren schleifen und schuf ein königliches Militärsystem. In Norditalien kämpfte Friedrich II. gegen die Städte, die seine kaiserliche Autorität nicht anerkannten. Nach dem Tod von Papst Innozenz III. (1198 – 1216), der aktiv auf eine Trennung von Kaiserreich und dem Königreich Sizilien hingearbeitet hatte, ließ sich Friedrich 1220 zum Kaiser krönen.

In Italien spaltete der Streit zwischen Kirche und Kaiser nicht nur die Städte in Anhänger des Kaisers und Befürworter der päpstlichen Politik, sondern begünstigte auch den politischen Aufstieg der Städte selbst und verhinderte somit eine Einigung der Apenninenhalbinsel. Zur Zeit Friedrichs II. war Italien im Wesentlichen in drei Gebiete aufgeteilt: Der Norden war das Herrschaftsgebiet der römisch-deutschen Kaiser, wobei die Städte jedoch größere Autonomie beanspruchten und die Seerepublik Venedig immer mächtiger wurde. Im Zentrum befand sich der Kirchenstaat, in dem die Päpste als weltliche Herrscher seit dem 8. Jahrhundert regierten, und über das ehemalige Normannenreich im Süden herrschten die Staufer.

DIE FALKENJAGD

Friedrich II. hatte eine große Vorliebe für die Jagd, die er mit Jagdleoparden und insbesondere mit Jagdfalken praktizierte. Der Kaiser interessierte sich aber auch für die Naturlehre: Er studierte das Verhalten der Falken und ihrer Beute.

Castel del Monte in Apulien

Das 1240 begonnene Jagdschloss ist eine Synthese der Kultur des Kaisers: Es drückt sein Interesse für die klassische Welt aus, das Verhältnis zur Welt der Zisterzienser und der französisch-rheinischen Gotik sowie seine Vertrautheit mit den technischen Kenntnissen der islamischen Zivilisation.

Die Falken

Zahlreiche Falkner kümmerten sich um die Jagdfalken des Königs, der über das Thema mit arabischen Herrschern korrespondierte.

Friedrich II.
Seine Mutter war Konstanze d'Altavilla, Tochter von Roger II., dem Begründer der Normannen-herrschaft in Süditalien und König von Sizilien. Die Abbildung oben zeigt die Geburt Friedrichs während der Reise seiner Mutter nach Sizilien in der Chronik von Giovanni Villani, 16. Jahrhundert (Rom, Vatikanische Bibliothek).

England

Während in Italien und Deutschland die Städte, der Papst oder die alten Feudalfürsten der Autorität der Monarchie entgegenwirkten, gab es im westlichen Teil des christlichen Abendlandes genau das umgekehrte Phänomen. Ebenso wie dies lange in Süditalien der Fall gewesen war, regierte auch in England eine Normannendynastie. Wilhelm der Eroberer (1066 – 1087) hatte sich den englischen Thron gewaltsam angeeignet, nachdem er in der Schlacht von Hastings (1066) den Sachsenkönig Harald (1022 – 1066) besiegt hatte. In sein neues Königreich hatte er die normannische Aristokratie mitgebracht, von der in der Folge die angelsächsischen Adeligen ins Abseits gedrängt wurden. Dies hatte Wilhelm drei

Der gebildete Herrscher
Friedrich II. war sehr gebildet, beherrschte auch die arabische Sprache und verfasste selbst ein Buch über die Falkenjagd: *De arte venandi cum avibus.*

DIE SCHLACHT VON HASTINGS

Die denkwürdige Schlacht fand am 14. Oktober 1066 nördlich von Hastings in Südengland auf einem Hügel statt, der auf dem Weg der alten Römerstraße nach London lag. Rund 9 000 Angelsachsen trafen auf 25 000 – 30 000 Normannen, darunter rund 10 000 gepanzerte Ritter.

DIE ANGELSACHSEN

Auf den Britischen Inseln, die keine Karolingerherrschaft gekannt hatten, gab es keine auf dem Lehnswesen basierende Ritterschaft. Dort herrschte vielmehr das germanische Konzept des Volkes vor, in dem jeder Bürger und Krieger in einem war und zu Fuß kämpfte.

Die angelsächsische Schlachtordnung
Die Edlen von König Harald hatten sich oben auf dem Hügel formiert; die Infanterie an den Flanken, sodass sie eine aus etwa zehn bis zwölf Reihen bestehende Mauer aus Schilden und Lanzen bildeten.

grundlegende Schritte ermöglicht. Erstens konnte er die von der vorhergehenden Monarchie übernommenen königlichen Rechte im Bezug auf Gesetze, Verwaltung und Steuern bewahren und stärken. Zweitens konnte er zugunsten des normannischen Adels ein kompliziertes Feudalsystem schaffen, das den Herrscher und seine Vasallen miteinander verband. So setzte sich die Reiterei des Königs aus den treusten dieser Vasallen zusammen. Drittens konnte er das Reich auf soliden sozialen und materiellen Grundlagen organisieren, was auch auf eine Zählung der Menschen, Ländereien und Erträge der Feudalherren der Insel zurückzuführen war: Aus dem *Domesday Book* ersah der englische König die wirtschaftliche Kapazität seiner Untertanen, um eine effizientere Besteuerung durchzuführen und eingezogene Ländereien für sich zu behalten, was der zielstrebigen Krone schließlich einen riesigen Landbesitz einbrachte.

Die normannische Schlachtordnung

Die Normannen formierten sich im Tal in drei Reihen: In der ersten Reihe befanden sich die Bogenschützen, in der zweiten die Fußtruppen und in der dritten die Ritter. Die Normannen eröffneten die Schlacht mit den Bogenschützen, die ihre Pfeile nach oben auf die gegnerischen Reihen abschossen.

DIE NORMANNEN

Sie verfügten über gepanzerte Ritter, die nach karolingischer Tradition auf Lehnsbasis rekrutiert wurden. Die Feudalherren, die sich ein Pferd leisten konnten, waren Herzog Wilhelm dem Eroberer zu Hilfe geeilt, dem sie den Treueeid geleistet hatten.

Die anfänglich sehr starke Position der englischen Krone wurde jedoch in den folgenden Jahrzehnten immer mehr geschwächt. Die Nachfolger von Wilhelm dem Eroberer führten einen Bürgerkrieg, der über 20 Jahre dauerte (1135 – 1154). Dieser endete mit der Thronbesteigung Heinrichs II. aus dem Haus Plantagenet, dessen Herrschaftsgebiet nicht nur die englischen Territorien, sondern auch rund die Hälfte Frankreichs umfasste. Dieser Umstand sollte später einer der Auslöser des Hundert-jährigen Krieges zwischen England und Frankreich um den französischen Thron werden. Heinrich organisierte den Staat, stieß sich jedoch an der zu großen Macht der Kirche, auf die sich die ersten Könige gegen die zahlreichen Feinde der Krone noch gestützt hatten. Eine weitere schwer wiegende Schwächung der Monarchie zu Gunsten der Kirche und der feudalen Barone erfolgte schließlich durch den Kreuzzug von Heinrichs Sohn Richard Löwenherz, der durch dieses Unternehmen zum

Verkauf von Privilegien gezwungen war, sowie durch die Kriege gegen Schottland und Frankreich. Das Ergebnis war die Gewährung der *Magna Carta Libertatum* im Jahr 1215. Darin bestätigte der König die Rechte des englischen Adels, der Kirchen und der Gemeinden gegenüber dem Herrscher. Sie setzte die Grenzen der Macht des Königs fest, der von nun an auf die Zustimmung von repräsentativen Organen der Aristokratie und später dann auch des niederen Adels und des Bürgertums angewiesen war. Es handelte sich weniger um eine Schwächung der Monarchie als vielmehr um einen Schritt in Richtung der künftigen Institution des Parlaments.

Frankreich

Seit 987 war die französische Krone in Händen der Kapetinger, die zunächst direkt und später durch Nebenlinien acht Jahrhunderte lang regierten. Der französische König war ein feudaler Monarch, das heißt seine Macht war auf der Loyalität der regierenden Fürsten in den wichtigsten Territorien begründet.

Die Frage der Investitur wurde unter König Philipp I. (1052 – 1108) geregelt. Das Abkommen mit dem Papst und dem hohen Klerus, die zentrale Lage der königlichen Gebiete inmitten der französischen Fürstentümer und das Glück, nach langer Zeit wieder männliche Nachkommen in direkter Linie zu haben – was die Fortsetzung der Dynastie garantierte und Probleme der Erbfolge vermied –, waren die Gründe für die zunehmende Stärkung der Macht.

In Verbindung mit der Kirche steht auch der unter Ludwig VI. (1108 – 1137) gestärkte Glaube an die Wundertätigkeit der Könige.

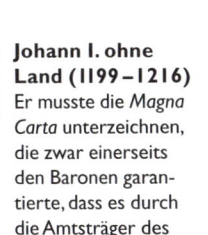

Johann I. ohne Land (1199–1216)

Er musste die *Magna Carta* unterzeichnen, die zwar einerseits den Baronen garantierte, dass es durch die Amtsträger des Königs zu keinen Übergriffen auf sie kam, aber andererseits auch die Existenz dieser Amtsträger bestätigte.

Mord in der Kathedrale

Die Abschaffung der kirchlichen Privilegien durch Heinrich II. führte zu einer Konfrontation mit Thomas Becket, dem Erzbischof von Canterbury (1118–1170). Dieser floh nach Frankreich, kehrte jedoch nach Canterbury zurück und wurde schließlich in der Kathedrale ermordet. 1173 wurde Becket vom Papst heilig gesprochen. Dieses Fresko aus dem 12. Jahrhundert zeigt die Ermordung des Erzbischofs (Spoleto, Chiesa dei Santi Giovanni e Paolo).

DER HUNDERTJÄHRIGE KRIEG
Die englischen Könige versuchten seit 1337 mit Waffengewalt, ihr Recht auf den französischen Thron durchzusetzen. Die lange Kette der Auseinandersetzungen zwischen England und Frankreich endete erst 1453 mit dem Verschwinden der englischen Präsenz auf dem Kontinent und der Festigung Frankreichs als großer und kompakter Territorialstaat. Oben: Jeanne d'Arc, die Nationalheilige Frankreichs, im Kampf gegen die Engländer.

WUNDERTÄTIGE KÖNIGE
Das französische Volk schrieb seinen Königen die Fähigkeit zu, mit ihren Händen die Skrofulose zu heilen, eine Entzündung der Lymphknoten, die durch den Tuberkelbazillus verursacht wird.

Die Skrofulose
Die Krankheit befällt die Lymphknoten des Halses und entstellt das Gesicht.

Man sagte ihnen eine Heilkraft für verschiedene Krankheiten nach, weshalb ihre Autorität von Gott selbst stammen sollte. Während seiner Regierungszeit versuchte Ludwig VI. diese Autorität bei den niedrigen Baronen auf der Île de France durchzusetzen. Philipp August (1180 – 1223) war der eigentliche Begründer der französischen Macht: Er setzte die Monarchie innerhalb Frankreichs und Frankreich in der politischen Landschaft Europas durch. 1204 eroberte er die Normandie, die sich in englischen Händen befunden hatte. Im Kampf gegen die Katharer, die ihr Zentrum in der Stadt Albi (1209 – 1229) hatten, wurde auch der Languedoc unterworfen und die Autorität der französischen Krone erstreckte sich bis südlich der Loire. Diese zunehmende Erweiterung der Grenzen des königlichen Machtbereichs führte unter König Ludwig IX. (1214 – 1270) zur Entstehung einer Büro-

Das Becken
Nachdem er den Kranken berührt hatte, wusch sich der König die Hände in einem Becken, dessen Wasser danach als wundertätig galt.

Ludwig IX.
Auf Grund seiner moralschen und religiösen Tugendhaftigkeit wurde der König 1289 von Papst Bonifaz VIII. heiliggesprochen.

kratie, deren Aufgabe die Verwaltung dieser Gebiete war und die man im Laufe der Zeit den lokalen Kräften überordnete. Es handelte sich um eine energische Lösung der Monarchie von den alten Strukturen des feudalen Vasallentums.

Spanien

Seit dem 5. Jahrhundert hatten die Westgoten die Iberische Halbinsel beherrscht. Ihr politisches System war jedoch ge-

schwächt, was nicht zuletzt auch auf die auch bei den fränkischen Dynastien der Merowinger und Karolinger übliche Praxis zurückzuführen war, das Reich zwischen den Erben der Herrscher aufzuteilen. Was die Iberische Halbinsel jedoch tief gehend charakterisiert hatte, war die seit dem 8. Jahrhundert vorhandene islamische Präsenz. Die Eroberung durch die Mauren führte zu einem politischen Gebilde mit der Hauptstadt Córdoba, das sich jedoch

EL CID CAMPEADOR

Der spanische Nationalheld Rodrigo Díaz de Vivar (um 1043–1099) war eine herausragende Figur der Reconquista, der christlichen Rückeroberung des Landes von den Mauren. Diese bezeichneten ihn anerkennend als El Cid (Herr), während er von den Spaniern Campeador (tapferer Kämpfer) genannt wurde. Seine Heldentaten werden im *Cantar del mío Cid* gerühmt. Die bedeutendste epische Dichtung des kastilischen Mittelalters entstand um 1140.

Valencia

Nach mehreren Jahren der Belagerung gelang dem Cid im Jahre 1094 die Eroberung des Emirats von Valencia. 1099 belagerten die Mauren die Stadt in einem Versuch, sich der Hauptstadt des ehemaligen Emirats erneut zu bemächtigen.

Der Leichnam des Cid

Bei einem Angriff wurde El Cid tödlich verwundet. Um die Kämpfenden nicht zu demoralisieren, befestigten Kampfgenossen den Leichnam des Cid auf dessen Pferd und schickten es in den Kampf.

Das Entsetzen der Mauren

Das Auftauchen des Cid auf dem Schlachtfeld versetzte die Mauren in Panik. Sie flohen entsetzt, da sie glaubten, sie hätten es mit einem unverwundbaren Gespenst zu tun.

niemals über die gesamte Iberische Halbinsel erstreckte: Im Nordosten konnten ein paar kleine christliche Staaten entstehen. Der mächtigste von ihnen war im 9. Jahrhundert das Königreich Navarra während der Herrschaft von Sancho III. dem Großen, der zu einem gewissen Zeitpunkt das gesamte christliche Spanien unter seiner Herrschaft vereinte. Als er 1054 starb, wurde das Reich unter seinen Kindern aufgeteilt. Eines dieser Reiche, das Königreich von Kastilien und León, wurde zum stärksten christlichen Reich und stand zusammen mit Aragonien an der Spitze der Reconquista, der christlichen Rückeroberung der Iberischen Halbinsel von den Mauren. Kastilien kontrollierte schließlich über die Hälfte der Halbinsel und wurde unter Alfons X. (1252–1284) zu einer starken Monarchie. Das Königreich Aragonien, das sich nach Osten orientierte, entwickelte sich zu einer dauerhaften, starken Seemacht im Mittelmeer. Mit dem Fortschreiten der Reconquista bildeten sich weitere Staaten: Portugal wurde 1139 unabhängig. Die Reconquista endete 1492 mit dem Fall des letzten maurischen Königreichs. Al-Andalus, das heißt das islamische Spanien, war insbesondere vom 10. bis 13. Jahrhundert ein wichtiges kulturelles Zentrum, in dem intellektuelle und künstlerische Aktivitäten ebenso gepflegt wurden wie Philosophie und Wissenschaft. In politischer Hinsicht war es teilweise in kleine, lokale Königreiche aufgesplittert oder es stand unter der Herrschaft islamischer Dynastien aus Nordafrika. Diese waren ihren Glaubensbrüdern im 10. Jahrhundert gegen die Angriffe der christlichen Königreiche zu Hilfe geeilt.

Die Zerstörung des Gleichgewichts

Der Untergang von Byzanz und die osmanische Herrschaft über die islamische Welt verändern die Weltpolitik am Ende des Mittelalters. Während China und die afrikanischen Reiche eine Blütezeit erleben, steht Europa am Anfang eines Zeitalters der Entdeckungen und Eroberungen.

Die Krise des Oströmischen Reiches

Ende des 11. Jahrhunderts war Konstantinopel eine prächtige Metropole, in der eine Million Menschen lebten (Rom hatte zu jener Zeit weniger als 30 000 Einwohner), und Dreh- und Angelpunkt für Handel und Reisende zwischen Europa, Asien und Afrika. Die Stadt war auf einer Seite vom Meer und zum Land hin durch starke Mauern geschützt, gegen die schon Hunnen, Awaren, Bulgaren und Araber vergeblich angestürmt waren, und schien uneinnehmbar. Die Kaiser hatten Invasoren zwar stets erfolgreich abgewehrt, es war ihnen jedoch nicht gelungen, in bestimmten Bereichen den Verfall aufzuhalten. Die Stärke des Staates hatte stets auf zwei Faktoren basiert: der Präsenz einer großen Anzahl von Bauern-Kriegern, die zur Verteidigung ihres Landes bereit waren, und einer Kriegsmarine. Seit

Das Mönchstum
In der byzantinischen Welt genossen die Klöster als Orte des frommen Lebens, des Gebets und der Askese großes Ansehen. So mussten sie keine Abgaben an den Kaiser leisten. Die berühmteste Mönchsgemeinschaft entstand im 8. Jahrhundert auf dem Berg Athos in Griechenland.

DIE BYZANTINISCHE LITURGIE
Eine Verherrlichung der Farben und des Lichts. Christus wurde als Triumphator und – wie in der römischen Kirche – als Gekreuzigter dargestellt.

Der Patriarch von Konstantinopel
Er war das Oberhaupt der byzantinischen Kirche, die zweitwichtigste Persönlichkeit nach der *sacra persona*, der »heiligen Person« des Kaisers. Im 10. Jahrhundert herrschte er über eine Kirche, die in 57 Metropolitankirchen, 49 Erzbistümer und 514 Bistümer eingeteilt war.

dem Jahr 1000 wurden diese Elemente immer schwächer. Der Hauptanteil der Armee bestand aus Söldnern, häufig Seldschuken, Muslimen oder Normannen. Dies hatte den Byzantinern die Geringschätzung des Abendlands eingebracht, wo das ritterliche Ideal der Verteidigung von Schwächeren noch sehr hochgehalten wurde. Außerdem geriet das Reich, in dem bisher nur die Kaiserwürde erblich gewesen war, immer mehr unter den Einfluss von wenigen reichen Fa-

milien, die sich einiger Schlüsselfunktionen im Staat bemächtigt hatten und diese dann weitervererbten. Schließlich hatte sich die griechisch-orthodoxe Kirche 1054 auf Grund komplizierter doktrinärer Unterschiede und der Weigerung der Ostkirche, den Papst als geistliches Oberhaupt anzuerkennen, von Rom getrennt.

Der Durchzug der westlichen Armeen auf dem Weg ins Heilige Land während der Kreuzzüge hatte den oströmischen Kaisern

Die griechisch-orthodoxen Priester
Sie waren nicht an den Zölibat gebunden. Bischöfe, die Mönche waren, durften jedoch nicht heiraten.

Die Ikonostase
Sie trennt die Priester von den Gläubigen und ist reich mit Heiligenbildern, so genannten Ikonen, geschmückt.

große Probleme bereitet und war der Grund für Spannungen mit den großen europäischen Feudalherrn. Diese wollten weder dem byzantinischen Kaiser den Treueeid leisten noch die eroberten Territorien an die Griechen abtreten. Nachdem Konstantinopel 1204 von einem von Venedig finanzierten Kreuzfahrerheer erobert worden war, kam es zur Gründung des so genannten Lateinischen Kaiserreichs, das bis 1261 Bestand hatte.

Der christliche Westen drängte den byzantinischen Osten immer weiter zurück; dieser beschränkte sich schließlich auf Griechenland und war den Eroberungen der langsamen, aber unerbittlichen Expansion des Osmanischen Reiches ausgesetzt.

Das Osmanische Reich

Im 8. Jahrhundert wurde das Gleichgewicht der islamischen Welt, zumindest in ihrem östlichen Teil, von einer neuen Invasionswelle türkischer und mongolischer Völker zerstört. 1258 eroberten diese Bagdad und bereiteten dem jahrhundertealten Kalifat der Abbasiden ein Ende. Nachdem sie zum Islam konvertiert waren, wurden sie in die islamische Gesellschaft eingebunden, die sich inzwischen gegenüber ihren Anfängen grundlegend gewandelt hatte. Die Aufgabe der Bewässerung und die Öffnung neuer Handelswege hatten zum Niedergang der irakischen Städte geführt: Die wichtigsten Zentren der islamischen Zivilisation befanden sich nun weiter östlich, in Persien, und im Westen, in Richtung des Niltals.

Unter persischem Einfluss gelangte der islamische Orient zu einer hohen Blüte von Dichtkunst, Architektur und Miniaturmale-

DAS OSMANISCHE REICH
Sein Ursprung lag in einem der Fürstentümer, die von den türkischen Invasoren in Anatolien gegründet worden waren, und zwar in dem des Osman oder Othman (1259 – 1326). Dank einer sehr gut organisierten Militärmacht dehnten die Osmanen oder Ottomanen ihr Territorium bis an die Küste des Oströmischen Reichs aus. Die erste europäische Stadt, die sie eroberten, war Gallipoli im Jahr 1354.

Türken und Mongolen
Beide Völker stammten nicht nur aus denselben Regionen, sondern hatten auch ähnliche Taktiken und Waffen. Die berittenen Bogenschützen stammten aus der mongolischen Tradition.

Die Janitscharen
Die Ende des 14. Jahrhunderts gegründete Infanterietruppe bestand aus christlichen Jungen, die ihren Familien entrissen und nach islamischen Regeln ausgebildet wurden.

rei, während der islamische Okzident die
Traditionen der Rechtssprechung, Literatur
und Mystik typisch arabischer Prägung be-
wahrte. Im Nahen Osten kam es zu den Invasionen der Turkmenen; diese verschmolzen mit dem Sultanat der Seldschuken, die
sich bereits seit dem 11. Jahrhundert im
Irak befanden. Sie eigneten sich in Anatoli-
en, der heutigen Türkei, eine ganze Reihe
von Territorien an, von denen aus sie das
Oströmische Reich bedrängten. In einem
dieser Territorien setzte sich die Dynastie

der Osmanen durch, die Ende des 14. Jahrhunderts ganz Anatolien und den Balkan
unterwarfen. Und von dort aus sollten sie
kurz darauf auch Konstantinopel erobern.

Die Mongolen
Die Mongolen waren Nomaden, die in klei-
ner Zahl in den trockenen Steppen Innerasi-
ens lebten. Seit der Zeit von Dschingis Chan
(1167 – 1227) gehörten auch Mitglieder von
Turkstämmen zu den mongolischen Armeen, bis sie schließlich zahlreicher waren

als die Mongolen selbst. Die Eroberungen der Mongolen erfolgten in vier Phasen. Die erste war die Epoche von Dschingis Chan, dessen Reich sich von Peking in China bis zur Wolga erstreckte. Die zweite wurde von dessen Sohn Ögädäi (1185 – 1241) durchgeführt, der bis nach Polen gelangte, ohne das Land jedoch zu erobern.

Die dritte Phase ist die Zeit Kublai Chans (1214 – 1294), der die Eroberung Chinas zu Ende führte, und die seines Bruders Hulagu (1217 – 1265), der 1258 gemeinsam mit den Türken Bagdad, die Hauptstadt des Abassidenreichs, zerstörte. Kublai gelangte auch nach Damaskus (1260), aber der mameluckische Sultan Baibars, der aus Kairo herbeigeeilt war, zwang ihn zum Rückzug.

Die letzten Eroberungszüge der Mongolen wurden von Tamerlan – Timur dem Lahmen –, durchgeführt, der sich dann zum Islam bekannte.

Die Herrschaft der Mongolen, die sich als vorzügliche Reiter und mutige Kämpfer zu

Dschingis Chan
Der Chan versammelte die verschiedenen Mongolenclans um sich, mit deren Hilfe er sich 1226/27 zur Eroberung eines riesigen Reiches aufmachte.

Pferde sowie durch Disziplin und gute Organisation auszeichneten, war relativ kurz. Tatsächlich gelang es ihnen nicht, eine echte und dauerhafte Zivilisation zu schaffen, sondern sie bedeuteten vielmehr das Ende einer Epoche. Seit den Anfängen der Zivilisation hatten sesshafte Bauernvölkern immer unter der Bedrohung eindringender Nomaden gelebt, die auf Grund ihrer Lebensweise große physische Stärke und Widerstandskraft entwickelt hatten. In die Epoche der Mongoleninvasionen fällt jedoch die Erfindung des Schießpulvers und der Feuerwaffen: Schlachten wurden fortan nicht mehr allein auf Grund der Körperkraft entschieden. In den folgenden Jahrhunderten gelang es Russland und China, den beiden Ländern, die in der Geschichte am meisten unter den Invasionen der Nomadenvölker gelitten hatten, ein für allemal, die kriegerischen Nomaden aus der Steppe aufzuhalten.

China

Wir kennen China schon bis zur Regierungszeit der T'ang-Dynastie im 9. Jahrhundert.

EIN LAGER DER MONGOLEN
Die Armee der Mongolen war gefürchtet. Sie verfügten über vorzügliche Reiter, die niemals ermüdeten und eine großartige Disziplin aufwiesen.

Exzellente Reiter
Die Mongolen ritten auf kleinen Pferden, die schnell und zäh waren. Die mongolischen Reiter legten riesige Entfernungen zurück und ernährten sich fast ausschließlich von getrocknetem Fleisch.

Kublai Chan (1214 – 1294)
Der Enkel von Dschingis Chan begründete die mongolische Yüan-Dynastie, die von 1280 – 1368 über China herrschte.

Marco Polo (1254 – 1324)
Der Venezianer Marco Polo, der aus einer Familie von Kaufleuten und Reisenden stammte, schilderte in seinem berühmten Werk *Il Milione* die Erlebnisse seines über zwanzigjährigen Aufenthalts in China.

Unter dieser Dynastie erreichte das Land eine starke politische Einheit und großen Wohlstand. 907 waren die T'ang verschwunden und China hatte sich in zehn Regionalstaaten aufgespalten, die sich erst Jahrzehnte später, zwischen 960 und 979, mit der Sung-Dynastie wieder vereinten. Die Sung hatten einige Territorien verloren und ihr Staat war weniger gut organisiert als unter den T'ang. Es herrschte größeres Misstrauen gegenüber Fremden und das Land war durch innere Kämpfe geschwächt. Von 1127 bis 1279, nach der Invasion Nordchinas durch die Kin-Dynastie, regierten die Sung nur noch im Zentrum und im Süden. Trotzdem

MARCO POLO IN CHINA
1278 nahm Marco Polo am Hofe des Kublai Chan
an den Feierlichkeiten zum Chinesischen
Neujahrsfest teil. Zu den Gaben, die dem Kaiser
dargebracht wurden, gehörten goldenes
und silbernes Geschirr, Perlen, kostbare Teppiche.

Der Hof
Im Kaiserpalast versam-
melten sich Adlige und
Ritter, Provinzgouver-
neure, Offiziere der
Armee, Astronomen
und Astrologen, Falkner
und Botschafter aus
fernen Reichen.

stieg der wirtschaftliche Wohlstand ständig an. Von 750 bis 1000 hatte sich die Bevölkerung verdoppelt und belief sich auf rund 100 Millionen Menschen. Die Hauptstadt der Sung, Hangtschou, war zu jener Zeit wahrscheinlich die größte Metropole der Welt. Bildende Künste, Literatur, Philosophie, Wissenschaft und Technologie er-

reichten höchstes Niveau. Es wird immer mehr unterrichtet, was nicht zuletzt durch die Entwicklung der Druckkunst begünstigt wird. Diese erfolgte noch nicht – auf Grund der zahllosen Ideogramme der chinesischen Schrift – mit beweglichen Lettern wie später in Europa, sondern in Form von Holzschnitten. Die Gesellschaft veränderte sich.

In den großen Städten bildete sich eine reiche und vornehme Schicht, die Theater und Literatur förderte. Ein staatliches Prüfungssystem für die Einstellung von öffentlichen Beamten garantierte eine Verwaltung durch eine kompetente Bürokratie. Kaufleute gelangten zu enormem Reichtum und man schuf eine komplexe Finanzorganisation mit Banken, Schuldbriefen und Papiergeld. Auf dem Land entstanden große Besitzungen, die von Pächtern und Tagelöhnern bearbeitet wurden.

Die Mongoleninvasion zwischen 1271 und 1280 brachte die mongolische Dynastie der Yüan auf den chinesischen Thron. Für China, dessen Zivilisation auf sesshaften Bauern basierte, bedeutete die Herrschaft des nomadisierenden Reitervolks der Mongolen ein Trauma. Kanäle, Dämme, Straßen und Brücken verfielen. Erst 1368 mit der Herrschaft der Ming-Dynastie kam es in China wieder zu einer Erholung. Die Mongolenherrschaft hatte der gesamten euro-

TIMBUKTU

An einer Windung des Niger lag Timbuktu, die Hauptstadt des Kaiserreichs Mali, eines der größten und wohlhabendsten afrikanischen Reiche im 13. und 14. Jahrhundert. Sie war kulturelles Zentrum und Handelsstadt. Karawanen brachten Kupfer, Salz und Waren, die gegen Gold eingetauscht wurden.
Vor der Entdeckung Amerikas war Afrika der wichtigste Goldlieferant für die mittelmeerischen Zivilisationen.

Die Häuser
Die größeren hatten eine geometrische Form und ein terrassenartiges Dach.

asiatischen Welt jedoch eine Periode der Ruhe beschert, sodass es zu dieser Zeit zur Erneuerung der Kontakte und zur Wiederaufnahme von Karawanenreisen zwischen Okzident und Orient kommen konnte.

Islamisches und südlich der Sahara gelegenes Afrika

Schon in frühester Zeit hatte sich Afrika in den großen Kreislauf der wirtschaftlichen und kulturellen Beziehungen mit dem mediterranen Raum eingefügt. Dies gilt natürlich nicht für den südlich der Sahara gelegenen Teil Afrikas. Die Wüste bedeutete schon immer ein Hindernis – ein Sandmeer zwischen der mediterranen Welt und Schwarzafrika.

Bereits zwischen 900 und 1500 entstand in Ägypten eine Anzahl von Reichen unter den muselmanischen Dynastien der Fatimiden, Aijubiden und Mamelucken. Der dynamische Handel in diesen Reichen, der sich auch auf das Rote Meer und das Arabische Meer erstreckte, war die wirtschaftliche Basis für die Wiederbelebung des alten christlichen Kaiserreichs Äthiopien.

Die Mauern
Die Städte waren von einer Mauer umgeben. Diese bestand aus ungebrannten Erdblöcken.

Das Reich von Ghana (700 – 1200 n. Chr.)
Der wirtschaftliche Einflussbereich dieses Königreichs erstreckte sich vom Senegal bis zum Niger und im Süden fast bis zur Grenze der heutigen Elfenbeinküste. Arabische Quellen berichten von einem sehr wohlhabenden Königreich, in dem mit Salz und Gold gehandelt wurde und das auf Grund seiner günstigen Lage an den Wegen durch die Sahara geschützt war. 1076 plünderten Almoraviden die Hauptstadt des Königreichs und leiteten dessen Niedergang ein.

Bereits 1000 n. Chr. war der Maghreb – der nordwestliche Teil Afrikas – schon über 300 Jahre lang islamisch und es gab dort bereits die Staaten der Berber, Almoraviden und Almohaden.

Von 1000 bis 1500 verbreitete sich der Islam immer weiter nach Süden: nilaufwärts bis zu den christlichen Königreichen Nubiens, entlang der Küsten um das Horn von Afrika (das Südarabien gegenüberliegt) und durch die Sahara vom Senegal zum Nil. Die Muselmanen durchquerten die Sahara als Kaufleute und Reisende von Oase zu Oase. Sie tauschten Luxusartikel (und später Feuerwaffen) und Salz gegen Gold und Sklaven. Im 13. Jahrhundert war die Wirtschaft des Nahen Ostens und des christlichen Europas vom afrikanischen Gold abhängig.

Diese Entwicklung des Handels hatte die Entstehung von Staaten in der nördlichen Hälfte Afrikas begünstigt. Zwei der größten waren das Königreich Ghana, das vom 8. bis zum 13. Jahrhundert florierte, und Mali, dessen größte Blütezeit im 14. Jahrhundert lag. Während Europa auf Grund der Pest und durch den Hundertjährigen Krieg zwischen Frankreich und England eine Zeit des Niedergangs erlebte, waren einige afrikanische Reiche insbesondere in der islamischen Welt berühmt für ihre prachtvollen, mit Mauern umgebenen Städte. In Timbuktu und Djenné florierten Universitäten, die Studenten und Dichter anzogen. Im Allgemeinen gab es in Afrika, wohin die Europäer noch nicht gelangt waren, große Staaten: Die Souveränität der Könige dieser Gebiete wurde durch eine Mischung aus militärischer Macht und diplomatischen Beziehungen mit den örtlichen Fürsten

DER ISLAM IN AFRIKA

Vor fast 1000 Jahren wurden die Ibaditen, Angehörige einer Sekte, die sich vom Islam getrennt hatte, aus dem Irak vertrieben. Sie landeten schließlich in der nordafrikanischen Wüste. Hier bauten sie in einem steinigen Tal herrliche Städte. Eine davon ist Ghardayah, eine Station auf dem großen Handelsweg durch die Sahara.

Der Markt
In den Ansiedlungen der Ibaditen befand er sich nicht neben der Moschee, wie in den traditionellen arabischen Städten. Auf dem Markt kamen die Einheimischen mit fremden Kaufleuten in Kontakt.

Die Moschee
Sie befand sich an
der unzugänglichsten
Stelle, war aber
schon von weitem
sichtbar. Sie war das
religiöse, adminis-
trative und kulturelle
Zentrum der Stadt.

**Die Struktur
der Stadt**
In Ghardayah waren
die Straßen kon-
zentrisch um eine
Achse angelegt,
die das Minarett der
Moschee bildete.

aufrechterhalten. Die königlichen Richter verwalteten die Justiz und eine Beamtenschicht Finanzen und Wirtschaft.

Der Neuzeit entgegen

In Richtung Afrika erstreckte sich auch die portugiesische Expansion seit Beginn des 15. Jahrhunderts. Durch das Ende der friedlichen Mongolenherrschaft in Asien und das Vordringen der Türken an die Küste des Oströmischen Reichs waren die Karawanenwege in den Osten unterbrochen und die Herrschaft des Westens über das östliche Mittelmeer beendet worden. 1453 wurde Konstantinopel von dem osmanischen Sultan Mohammed II. (1451 – 1481) erobert. Das jahrhundertealte Oströmische Reich war

Die Osmanische Flotte
Die Türken drangen mit ihren Schiffen über Land ins Goldene Horn ein, indem sie diese über Holzstämme zogen. So überwanden sie die Halbinsel, da die Einfahrt durch das Wasser durch eine von einem Ufer zum anderen gespannte, schwere Kette versperrt war.

DIE EROBERUNG VON KONSTANTINOPEL
Am 29. Mai 1453 drangen die osmanischen Truppen unter dem Befehl von Mohammed II. (um 1432 – 1418) in Konstantinopel ein und plünderten die Stadt drei Tage lang.

nun endgültig untergegangen. Durch die Flucht der Griechen nach Italien konnte es im 15. Jahrhundert zur Renaissance kommen. Die Portugiesen hofften, durch die Umseglung Afrikas einen Seeweg nach Osten zu finden und wagten sich deshalb auf der Suche nach Gold, Gewürzen und Sklaven immer weiter nach Süden. Aus demselben Grund finanzierte Spanien das Projekt von Christoph Kolumbus, der nach Westen segeln wollte, um nach Osten zu gelangen. Der Initiative von Spaniern und Portugiesen sollten schon bald andere europäische Nationen folgen. Frankreich und insbesondere England sollten die alten und neuen Kontinente zu einer immer globaleren Wirtschaft führen. Die Türen zur Neuzeit standen bereits weit offen.

Kanonen
Die Türken setzten bei der Belagerung schwere Artillerie ein, mit deren Hilfe sie die Stadtmauern erstürmen konnten.

Register

Bildnachweis

Info OMNIBUS

bringt die großen Themen der Menschheit –
in spannenden Texten und bis ins Detail genauen Illustrationen.

Bereits erschienen:

Die Geschichte der Griechen
ISBN 3-570-20740-4

Die Geschichte der Entdecker
ISBN 3-570-20741-2

Die Geschichte der Wirtschaft
ISBN 3-570-20742-0

Die Geschichte der Ägypter
ISBN 3-570-20743-9

Die Geschichte des 20. Jahrhunderts
ISBN 3-570-20744-7

Die Geschichte der Technik
ISBN 3-570-20745-5

Die Regeln der Natur
ISBN 3-570-20746-3

Die Geschichte der Renaissance
ISBN 3-570-20747-1

Das Weltall
ISBN 3-570-20748-X

Die Entwicklung des Lebens
ISBN 3-570-20749-8

Die Vorgeschichte
ISBN 3-570-20750-1

Der Islam
ISBN 3-570-20751-X

Neu im Frühjahr 2001:

Unser Körper
ISBN 3-570-20969-5

Das Verhalten der Tiere
ISBN 3-570-20970-9

Das Mittelalter
ISBN 3-570-20971-7

Die Geschichte der Römer
ISBN 3-570-20972-5

Die Weltreligionen
ISBN 3-570-20988-1

Die großen Mythen
ISBN 3-570-20989-X

Weitere Bände sind in Vorbereitung.

Jeder Band ist eine deutsche Erstausgabe,
durchgehend mit farbigen Abbildungen, 128 Seiten.